SNS로 먹고살 수 있나요?

SNS로 먹고살 수 있나요?

초판 1쇄 인쇄 2023년 3월 20일
초판 1쇄 발행 2023년 3월 25일

지은이 • 미쉘(유제연)
발행인 • 강혜진
발행처 • 진서원
등록 • 제 2012-000384호 2012년 12월 4일
주소 • (04021) 서울 마포구 동교로 44-3 진서원빌딩 3층
대표전화 • (02) 3143-6353 / **팩스 •** (02) 3143-6354
홈페이지 • www.jinswon.co.kr | **이메일 •** service@jinswon.co.kr
편집진행 • 임지영 | **마케팅 •** 강성우, 정서진
표지 및 내지 디자인 • 디박스 | **종이 •** 다올페이퍼 | **인쇄 •** 보광문화사

ISBN 979-11-86647-98-1 13320
진서원 도서번호 14008
값 20,000원

'국제디지털노마드협회' 미쉘 회장의
블로그 + 인스타그램 + 유튜브
월 1천만원 수익 창출법!

SNS로
먹고살 수 있나요?

미쉘(유제연) 지음

진원

나는 지금 20년 전 꿈꾸던 삶을 살고 있다

나는 지금 부자인가? 저마다 부의 기준이 다르겠지만 우리나라 통계 기준으로 상위 5%에 들어가니 사람들은 나를 부자라고 생각할 수 있겠다. 7년 전만 해도 나는 상위 1%가 되기 위해 밤낮없이 뛰어다녔다. 고지가 얼마 남지 않아 보였다. 하지만 나는 멈추었다. 이렇게 사는 게 내가 진정 원하는 삶일까? 현재를 놓치고 더 높은 곳을 향해 정신없이 달리는 건 내가 꿈꾸던 모습이 아니었다.

"강남에서 제주로? 미쳤구나?"

2016년 8월 15일 제주에 입도를 했다. 제주 입도를 결심하자 주변 반응은 다음과 같았다.

"강남에서 제주? 말이 돼?"

"너 같은 애가 제주에서 어떻게 살아?"

"벌어놓은 일은 어쩌려고?"

"몇 달 못 버티고 답답해서 다시 올걸?"

하지만 주변의 걱정이 무색하게도 제주 입도 7년 차에 접어들었다. 제주에 사는 게 좋은지 물어본다면 좋다, 나쁘다 하는 이분법적 답변보다는 내가 원하는 삶을 살고 있다는 게 더 정확한 대답이 될 것이다. 나는 예전부터 꿈꾸고 그리던 이상적인 삶이 있었다. 하루 8시간 이하로 일할 것, 주 5일 일할 것, 저녁은 온전히 가족과 함께 시간을 보낼 것, 주말엔 아무것도 하지 않고 쉴 것, 바쁘게 살지 않을 것, 그리고 1년에 1달 이상 해외 살기를 할 것. 이것이 내가 꿈꾸는 이상적인 삶의 조건이었다. 언뜻 보기에 평범한 것 같지만(해외 살기는 빼더라도) 이걸 지키는 건 생각보다 어려운 일이다.

일할 땐 일하고 놀 땐 놀고…… 가능해?

1달에 2~3번 정도는 서울로 출장을 간다. 짧으면 1박 2일, 길면 2박 3일. 이때 몰아서 일을 보는 편이다. 서울 출장은 새벽부터 시작해서 밤늦게 끝나는 살인적인 스케줄이지만, 일에 있어서 선택과 집중이 필요하고 이렇게 처리하는 걸 좋아하기에 별 무리 없이 일하고 있다. 그 밖에 대부분의 미팅은 실시간 줌(Zoom)으로 이루어진다. 2017년부터 줌 미팅을 해왔고, 코로나19 이후 줌 미팅이 대중화되면서 일하기가 훨씬 수월해졌다.

주말에는 제주에서 캠핑을 하면서 대부분의 시간을 보낸다. 평일에 열심히 달렸다면 주말에는 아무것도 하지 않을 권리를 스스로 찾아 누리고 있다. 이렇게 멍때리는 시간은 나에게 꼭 필요하다. 무언가를 해야 하는 강박감에서 벗어나기 위해서다. 물론 나는 지금도 바쁘게 살고 있다. 하지만 그전과 다른 점이 있다면 내가 무얼 하는지조차 모를 정도로 바쁘지는 않다는 것이다.

강남 60평 아파트와 사업장이 있어도 행복하지 않았던 이유

제주 이전의 삶은 바빴다. 왜 바빴는지도 기억이 나지 않을 정도로 그냥 바빴고, 하루가 어떻게 지나가는지도 모를 정도로 정신이 없었다.

서울에 남편과 내가 각각 운영하는 사업장이 있었고, 집은 사업장에서 걸어서 5분 거리에 있었다. 일터와 집이 가까우면 편리성은 있지만 일과 일상이 분리되지 않는다. 사업장이 강남역에 있다 보니 나를 찾는 사람이 상당히 많았다. 회사로 찾아오는 경우도 많았고, 다른 일정 때문에 강남에 왔다가 연락을 하는 사람도 많았다. 그럴 때면 집에 있다가도 뛰어나가야만 했다.

우리 부부는 본업 외에도 호프집을 오토 매장*으로 운영했다. 지인들이 상당히 많이 찾아주었는데, 안부 인사 차 전화가 오면 나가 보지 않을 수 없었다. 그들은 나에게 한 번 연락한 거지만, 나는 여러 사람에게 연락받다 보니 그 수가 꽤 많았다. 이런 만남이 1주일에 3~4번 정도는 있었다.

당시 강남 60평대 아파트에 살았다. 60평대 아파트에 사니 70평대 아파트에 살고 싶어지고 욕심만큼 더 뛰게 되었다. 더 행복하기 위해서 더 열심히 뛰었지만, 노력에도 불구하고 행복하지 않았다. 이런 시간이 계속되자 의문이 생겼다. '나는 언제 행복해질까? 미래의 행복을 위해서 지금보다 더 열심히 뛰는 게 맞을까? 이 고통은 언제나 끝이 날까?'

나는 강남에 살 때 주말이 되면 항상 교육을 받거나 정기 모임을 갖거나 강의를 했다. 재테크 교육, 부동산 투자 모임, 마케팅 교육, 마케팅 교육생들과의 모임 등으로 바쁘고 정신없이 7일을 꽉 채워서 보냈다. 그렇게 바쁘면 일과 모임을 줄이고 여유를 가지면 되지 않느냐고 반문하겠지만, 당시 내 주변 사람들은 다 나처럼 살고 있었다. 아니, 나보다 더 열심히 살고 있었다. 그들보다 뒤처지지 않기 위해서라도 더 열심히 살아야 했다. 이렇게 내 주위 환경도 나를 더 빨리 더 열심히 뛰라고 채찍질했다.

오토 매장 : 사장이 직접 현장에 매달려서 운영하지 않더라도 직원과 시스템에 의해 자동으로 돌아가는 매장을 뜻한다.

제주 입도를 결심하게 된 뉴질랜드 캠핑카 1달 살기 여행

그렇게 살아가다가 제주 입도를 결심한 결정적인 계기가 있었으니, 바로 2014년 뉴질랜드 여행이다. 우리 가족은 뉴질랜드 북섬에서 남섬까지 1달 동안 캠핑카 여행을 했다. 3평 남짓한 캠핑카 공간에서 1달 내내 매일 3가지 고민만 하면서 시간을 보냈다. '오늘 어디 가지? 오늘 뭐 먹지? 오늘 어디서 자지?' 그 외의 고민과 걱정은 존재하지 않았다. 그동안 나는 쓸데없는 고민과 걱정을 했던 것인가? 내가 살아온 날들을 되돌아보게 되었다.

3평 캠핑카에서 이렇게 행복할 수 있다니

1달 내내 3평 남짓한 캠핑카에서 살면서 굉장히 행복했다. 욕심을 버리면 힘들게 뛰지 않아도 되는데, 60평 넘는 강남 아파트에 살면서 저 앞의 재건축을 앞둔 70평대 아파트로 이사 가기 위해서 아등바등했다. 왜 현재를 희생하기만 하고 현재의 행복을 보지 못했을까. 나는 거기서 멈추게 되었다. 그래, 내 욕심은 여기까지다. 대신 내가 지금 가진 것에 만족하면서 더 행복하게 즐겁게 사는 방법을 생각해보자고 결심했다. 그러다 갑자기 뉴질랜드와 비슷한 제주에서 살아보면 참 행복할 것 같다는 생각을 했다. 그리고 그 생각을 곧바로 실행에 옮겼다.

SNS 덕분에 일과 휴식을 얻었다

내가 사는 환경을 바꾸지 않으면 내 삶은 절대 바뀌지 않는다. 뉴질랜드 여행 후, 1년 6개월을 준비하고 제주 입도를 했다.

나는 지금의 제주 생활이 너무 좋다. 제주에서 원하는 일을 하면서 원하는 만큼 돈을 벌고, 일상을 여행처럼 살고 있다. 지금은 1년에 3달을 해외에서 살고, 9달을 제주에서 산다. 꿈꾸던 삶이 가능해진 것은 전적으로 SNS 덕분이다. 온라인으로 경제 활동을 할 수 있도록 수익 창출 시스템을 만들어주기 때문이다. 덕분에 가장 소중하게 생각하는 가족과 원 없이 많은 시간을 보내고 있다. 어떻게 그게 가능했느냐고? 그 구체적인 이야기를 시작해보겠다.

제주도에서 미쉘 (유제연)

목 차

둘째마당

사업 위기 때마다 블로그 마케팅이 해결사!   52

셋째마당

디지털 노마드 독자 생존 분투기

넷째마당

SNS로 돈 좀 벌어볼까?(ft. 블로그, 유튜브, 인스타그램)

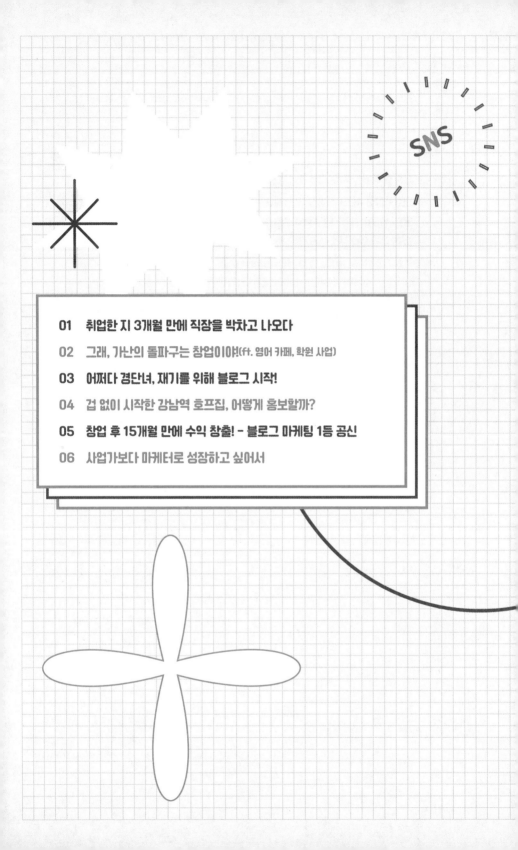

SNS

첫째마당

그까짓
월급 300만원,

회사
나오면
못 벌겠어?

01

취업한 지 3개월 만에
직장을 박차고 나오다

학비도 생활비도 지원 없음, 닥치는 대로 아르바이트

대학 4년 동안 학비와 생활비를 다 스스로 벌어서 해결했다. 그 어떤 지원도 받지 못했다. 1주일에 3~4개의 아르바이트를 하면서 학교에 다녔다. 평일에는 학원 강사, 1주일에 한 번은 과외, 학교 공강 시간에는 근로 장학생, 그리고 주말에는 예식장 아르바이트와 호프집 야간 아르바이트를 병행하면서 학창 시절을 정신없이 보냈다.

고등학생 대상으로 영어학원 강사를 할 때가 떠오른다. 수강생이 4명밖에 없어서 2달 후면 폐강이 될 예정이었다. 딱 그때까지만 가르칠 강사가 필요하다고 해서 강의를 요청받았다.

'그래, 폐강을 하더라도 2달 안에 아이들 성적은 올리고 보자.'

뭔가 대단한 신념이 있어서가 아니었다. 그저 도움이 되고 싶다는 생각으로 미친 듯이 가르쳐서 14명까지 수강생이 늘어났다. 나는 그 학원에서 1년간 학원 강사를 했다. 2달이 1년이 되면서 내 영어 실력도 탄탄해졌다.

'어라? 돈도 벌고 커리어도 쌓고 영어 실력도 늘었네?'

커피를 좋아하니 바리스타 교육을 받고 싶었다. 하지만 수강료가 비쌌다. 그래서 무료로 교육받을 수 있는 방법이 없나 찾아보다가 한 회사에서 아르바이트로 일하면 바리스타 교육을 무료로 해준다는 문구를 봤다. 나는 그곳에서 2주간 교육을 받고 6개월간 일을 했다. 당시 팀장님이 나에게 물었다.

"너는 꿈이 뭐야? 어디 취업할 거야?"
"저는 사장이 되는 게 꿈이에요."

그렇다. 나의 꿈은 사장이었다. 고등학교 때 한문 선생님이 가장 좋은 직업은 사장이라고 했던 게 영향을 준 게 분명하다. 내가 원할 때 출근하고 일하기 싫으면 안 할 수 있다면서, 자기 같은 월급쟁이는 보기 싫은 너희들을 보기 위해 억지로 나와야 한다고 했다. 우스

갯소리였겠지만 나는 그 말을 진지하게 받아들였다.

"너 이리 와볼래? 앉아봐. 사장이 꿈이라면 이런 거 알아야 해. 여기 임대료는 어떻게 될까? 여긴 수수료 매장이야. 임대료를 내지 않고 매출의 몇 퍼센트를 건물주에게 주는 구조야. 이런 곳에 입점은 어떻게 하는지, 하루 유동 인구가 어떻게 되는지, 원가는 어떻게 되는지, 오늘 하루 커피 몇 잔을 팔아서 얼마를 남겨야 하는지 사장은 이런 걸 알아야 해."

팀장님은 이것저것 친절하게 알려주었다. 얼떨결이었지만 집중해서 들었다.

"너 우리 회사에 취업 안 할래?"

그때의 나는 다른 아르바이트생들과 일하는 것이 달랐다. 적극적으로 의견도 내고, 매장 재고 정리도 알아서 했다. 고층 사무실에 근무하는 주변 직장인들을 위해 사전 예약을 받아서 배달하는 시스템을 만들기까지 했다. 팀장님은 나의 적극적인 태도가 마음에 들어 취업 제의를 했다. 하지만 나는 그때 이미 호주로 가기로 결정한 후라서 제안을 거절했다. 너무나 간절히 영어 공부를 하고 싶었기에 다른 길은 보이지 않았다.

내 통장에 있는 100만원, 호주 간다고 친척들이 준 용돈 100만원, 신용카드 1장을 가지고 무작정 호주로 떠났다. 그 후 3년간 호주와 영국에서 생계형 외국 생활을 했다.

회사도 동료도 이해할 수 없던 시절

나는 성공 욕심이 많은 편은 아니었다. 그렇다고 남들이 최고로 쳐주는 직종을 선택해서 명예를 얻고 싶은 것도 아니었다. 그저 하나 였다. 영어를 좋아해서 영어를 사용하는 일이면 좋고, 이왕이면 돈도 벌고 싶었다.

결론부터 말하면 한국에 와서 취업한 지 3개월 만에 퇴사했다. 내가 취업했던 회사는 외국인 출강 에이전시였다. 대학, 기업에서 강의할 외국인을 뽑아서 연결해주는 일이다. 영어를 사용하는 일이어서 좋긴 했다. 그러나 시키는 일만 하는 걸 좋아하지 않았기에 밤새 아이디어를 내서 새로운 제안을 했다. 그랬더니 "너는 시키는 일이나 잘해"라는 핀잔만 들었다. 동료들은 아이디어까지 내면서 일을 벌이는 나를 이해하지 못했다.

그곳 사람들은 월급을 받고 일하면서 회사 욕을 많이 했다. '싫으면 떠나면 되지 왜 욕을 할까?' 나는 직원들 분위기에도 동조할 수 없었다. 그러다 "절이 싫으면 중이 떠나야지요, 절이 떠날 수는 없잖아요"라는 말을 했고 이 한마디에 나는 회사에서 '은따'가 되어버렸다.

회사도 동료도 이해할 수 없었다. '그까짓 월급 300만원, 회사 안 다니면 못 벌겠어?' 하는 생각으로 입사 3개월 만에 사표를 던졌다.

되돌아보니 이것은 내 인생에서 가장 잘한 결정 중 하나였다. 결과적으로 빠른 퇴사가 경제적으로 빠른 성장을 하게 된 계기가 되었기 때문이다.

그래, 가난의 돌파구는 창업이야!
(ft. 영어 카페, 학원 사업)

영어 카페 창업, 대박의 조짐들

회사를 다닌 게 헛된 경험은 아니었다. 회사 덕분에 아이디어를 얻어서 첫 번째 창업을 하게 되었기 때문이다. 강남역에 '마이존'이란 간판을 내걸고 영어로만 대화하는 카페를 차렸다. 영어 카페를 운영하면서 대기업 입사 지원자를 위한 영어 면접 강의를 개설하고 1인 출판도 했다. 사업은 승승장구였다. 이 중에서도 승무원 영어 면접 강의는 국내 최초로 시도한 것인데, 한마디로 대박이 났다. 2004년에 대한항공, 아시아나항공에서 영어 면접을 도입했는데 마침 그 시점이어서 타이밍이 좋았고, 정식으로 출판사를 통해 책을 출간하자

영어로만 대화할 수 있는 영어 카페 모습　　　　　대학에서 취업 특강하는 모습

베스트셀러가 되어 여러 대학의 특강 요청이 쇄도했다.

　최초였기 때문에 지금도 승무원 영어 면접 하면 '미쉘'을 떠올린다. 하지만 이 브랜드를 지속시킬 만큼 상황은 여의치 않았다. 위기의 원인은 바로 나 자신이었다. 커리어의 최절정에서 결혼을 하고 연년생으로 두 딸을 낳았다. 예기치 못한 산후 우울증으로 힘든 나날을 보냈다. 일에 대한 의욕 상실로 수업 평가는 최악이었고 안 좋은 리뷰들이 인터넷에 떠돌면서 학생 수는 급격히 줄어들었다. 2분 만에 마감되던 강의가 출산 후 복귀하면서 단 3명만 신청하며 나락으로 떨어졌다. 더 이상 강의를 하고 싶지 않았다.

창업 6년째, 위기는 쓰나미처럼 덮치고 ……

　도피처가 필요했을까? 기껏 다져온 사업을 놓아버리고 당시 오픈마켓으로 떠오르던 이베이 셀러 활동을 시작했다. 그리고 강남역에 호프집까지 덜컥 창업해버렸다. 그 결과는 여러분이 예상하는 바다. 모든 게 무너지기 시작했다. 벌여놓은 건 많은데 제대로 굴러가는 건 하나도 없었다.

이베이 셀러도 쉽지 않았다. 누군가 달성한 1년 6개월 만의 월 5,000만원 매출 신화는 내 이야기가 될 수 없었다. 하지만 죽으라는 법은 없었다. 1년 동안 10번 넘게 나의 실패담을 이베이 셀러 카페에 올렸다. 그러다 운이 좋게도 이베이 셀러 강의를 맡게 되었다. 나는 이 강의를 하면서 많은 걸 느꼈다. 그동안 내가 가진 것의 소중함을 너무 모르고 살았나? 학생들을 가르칠 때의 행복, 그리고 그때 느꼈던 보람들……. 갑자기 예전에 했던 취업 강의와 영어 강의가 너무 하고 싶어졌다. 나의 길은 역시 강사임을 깨닫고 원래의 길로 돌아가자고 결심했다.

하지만 다시 시작하려니 막막했다. 당장 할 수 있는 게 별로 없었다. 이때 네이버에 블로그를 개설했다. 걱정하고 근심하면 뭐 하나. 그럴 시간에 단 1%만 노력해도 해결책이 보일 거라며 스스로를 위로했다. 처음 창업할 때의 초심으로 돌아가자고 결심했다. 하지만 블로그 활성화는 쉽지 않았다. 아이를 키우다 보니 절대적으로 시간이 부족했다. 당시 출근은 아침 9시, 퇴근은 저녁 6시였다. 이게 끝이 아니었다. 밤 10시부터 또 다른 강의 준비로 시간을 내야 했고 새벽 4시가 되면 기상을 해서 교육 콘텐츠를 제작했다. 이것이 반복되는 나의 하루 일과였다.

03

어쩌다 경단녀,
재기를 위해 블로그 시작!

사업을 되살리기 위해 시작한 네이버 블로그

나 혼자만의 힘으로 블로그를 운영하는 건 힘들다는 판단을 내리고 자료만 올리는 직원을 하루 4시간 고용해서 업로딩 작업을 맡겼다. 블로그를 개설한 후 사람들에게 어떤 도움을 줄 수 있을지, 무슨 정보를 공개할지 고민했다. 과거 몇 년간의 수업 자료들을 살펴보면서 하루 평균 30개씩 올린 듯하다. 특별한 기획은 없었다. 학생들에게 필요한 자료지만 그동안 공유하지 못했던 것들을 아낌없이 올렸다. '대한항공 영어 면접', '아시아나 영어 면접'을 검색하면 내 블로그만 나올 정도로 줄기차게 자료를 올렸다. 물론 효과는 단번에 나타나지 않았다. 하지만 검색이 용이하게끔 세분화하여 포스팅해서인지 내 자료는 여기저기 스크랩되어 있었다.

그런데 나는 내 글이 스크랩되어 있다는 것도, 스크랩이 중요하다는 사실도 인지하지 못했다. 내가 직원에게 준 자료들이 어떻게 포스팅되었는지, 누가 스크랩을 했는지, 누가 이웃추가를 했는지는 3개월이 지난 후에야 확인할 수 있었다.

카페와 블로그에 올린 강의 자료들

2011년 당시, 강의 자료를 검색하면 내 글만 나왔다.

직원에게 메일과 쪽지를 확인해달라고 부탁했다. 그랬더니 어느 순간부터 직원이 나를 귀찮게 했다. "선생님 이런 댓글이 달렸는데 뭐라고 답을 해야 할까요? 비공개 댓글로 문의가 들어왔는데 뭐라고 해야 하죠?" 처음에는 내가 일일이 말로 전달하면 직원이 나인 척 댓글을 달았다. 하지만 1달 후 문의 글이 너무 많아지자 내가 직접 답을 달아야겠다고 결심했다.

나는 당시 강의와 관련된 카페를 가지고 있었는데 블로그를 운영하자 카페 가입자 수와 등업 요청이 덩달아 늘어났다. 블로그 운영

1달 만에 이런 변화가 생기다니 놀라웠다. 내가 한 일은 직원을 통해 자료를 올린 것밖에 없었다. 하지만 그 자료는 이웃들에게는 소중한 것이었다.

과거의 명성, 블로그로 6개월 만에 되찾다!

내가 직접 블로그에 글을 쓰고 운영하기 시작하자 학생들이 큰 반응을 보였다. 사람들은 내가 포스팅한 것에 댓글을 달기도 하고, 자료를 스크랩한 후 '좋은 자료입니다. 제가 스크랩해도 되지요?'란 글을 남기기도 했다. 수업 문의나 궁금한 사항을 댓글로 물어오는 것도 신기했다. 나를 전혀 만나본 적도 없는 사람들이 개인 정보가 고스란히 드러난 이력서와 자소서를 보내며 첨삭을 부탁했다. 귀찮다는 생각은 들지 않았다. 다만 '이 사람들이 모든 것을 공개할 만큼 나를 신뢰하는구나. 그런데 왜 이렇게 나를 신뢰할까?' 이런 의문이 들었다. 나는 점점 블로그에 빠져들었다.

진심으로 다가오는 학생들을 보며, 나 역시 블로그에 일기처럼 진솔하게 글을 쓰기 시작했다. 일기장은 나만 볼 수 있는 것이지만 블로그에 쓰는 글은 모두가 함께 보는 것이다. 어떤 글을 쓸지 고민하지 않을 수 없었다. 수업 시간에 하고 싶었는데 할 수 없었던 이야기나 학생들이 꼭 봤으면 하는 자료들을 올릴 때마다 반응은 폭발적이었다. 포스팅을 할수록 시간 가는 줄 몰랐고, 머릿속은 온통 '내일은 뭐 올리지?' 하는 생각뿐이었다.

나는 내 수업의 장학생도 블로그를 통해 뽑았고, 꿈이 비슷한 학생들끼리 시너지를 주고받으며 공부할 수 있도록 스터디 모임을 만들어주는 것도 블로그를 통해서 했다. 블로그를 시작하고 얼마 되지 않아 내 수업은 연속 마감이 되었다. 과거의 명성을 되찾는 데 겨우 6개월밖에 걸리지 않았다.

함께할 수 있는 일을 기획하면 성공하더라!

어떻게 이런 일이 가능했는지 많은 사람이 묻는다. 과거의 경험을 되짚어보니, 나는 블로그로 수업을 직접적으로 홍보하거나 내 이야기를 떠들기보다는 학생들과 소통하는 일에 집중했다. 무엇을 바라고 한 일이 아니었다. 오랜만에 만난 학생들이 그냥 좋았고 그래서 블로그를 통해 학생들과 함께할 수 있는 일을 기획했다.

항공사 면접 기출문제 중 '기부를 했던 경험에 대하여 말해보세요'란 게 있었다. 한 학생이 자신은 기부 경험이 없어서 답변할 수 없다며 자책하는 게 아닌가. 그래서 나는 비슷한 처지의 학생들을 블로그로 수소문해서 자선 경매 행사를 진행했고 경매 수익을 모아 시설과 기관에 기부했다. 나도 학생들도 뜻깊은 시간이었다. 그리고 지금은 해마다 이 행사를 진행하고 있다.

나는 블로그를 통해 내가 하는 일을 알리고 내가 가진 능력, 그리고 나의 목소리를 글로 표현했다. 그리고 블로그 이웃들과 가급적 많은 소통과 만남, 지속적인 활동을 해왔다. 그랬더니 학생들은 내가 따로 부탁하지 않았는데도 자발적이고 적극적으로 내 강의와 영어 카페를 입소문 내주었다. 혼자서는 할 수 없었던 일들이 함께하니 큰 성과를 내기 시작했다.

취업 준비 중인 학생들과 함께한 경매 행사

겁 없이 시작한 강남역 호프집,
어떻게 홍보할까?

살기 위해 블로그 마케팅에 매달리다

영어 강사인 것 같은데 갑자기 왜 호프집 창업 이야기를 하지? 아마도 독자들은 의아할 것이다. 앞에서도 잠깐 언급했듯이 나는 출산 직후 강남역에 호프집을 창업했고, 살아남기 위해 모든 것을 해야 했다. 호프집 운영을 하면서 블로그 마케팅의 모든 것을 깨쳤다 해도 과언이 아닐 것이다.

호프집 자리는 고모님 요청으로 강남역 상권을 알아보던 중 찾아낸 곳이다. 당시 둘째를 임신한 만삭의 몸이었기에 내가 창업할 생각은 꿈에도 없었다. 고모님께 2~3곳을 추천했고 그중에서도 우리가 마음에 들었던 자리가 있었는데, 고모님은 임대료가 비싸다는 이유로 그곳을 포기했다. 나는 그 자리가 머리에서 떠나지 않았다. 극장 바로 뒤편이라 찾기도 쉬웠고 대로변에서는 간판도 보여서 노출도 잘 되었다. 무엇보다 당시 내가 영어 카페를 근간으로 10만명 회원의 다음 카페를 운영하는 상황이었고, 네이버 블로그와 승무원 카페만 잘 활용하면 홍보 효과를 톡톡히 볼 수 있으리라 생각했다.

하지만 문제점도 많았다. 나와 남편은 연애 1년 7개월 동안 단둘이 술 마신 게 열 손가락 안에 꼽을 정도로 술과는 거리가 멀었다. 게다가 남편은 평범한 회사원이었고 나는 영어 강사로, 호프집 창업 경험은 전무후무했다. 하지만 그럼에도 불구하고 해당 자리는 이런 우리가 창업하고 싶을 정도로 장소가 좋았다. 마침 그곳은 법인회사 소유로 임대료가 다른 곳보다 저렴한 데다, 회사 정책상 권리금을 용인

강남역 상권에서 운영 중인 호프집

하지 않아서 종잣돈이 부족한 우리 부부에겐 매력적이었다. 당시 옆 건물은 권리금이 3억원 정도 했던 것 같다.

남편도 고민이 많았다. 결국 나는 호프집 창업을 망설이는 남편에게 직격탄을 날렸다. "자기야, 고민할 시간에 실행에 옮기면 우린 저만큼 앞서가 있을 거야. 할까 말까 고민만 하지 말고, 이걸 한다면 어떻게 할까를 고민하는 게 빠른 해답을 찾는 길이야. 안 그래?" 내 말을 듣고도 남편은 한참을 더 고민했다. 얼마 지나지 않아 우리 부부는 계약하기 위해 건물 주인을 찾아갔다.

아이들을 위해서 파이프라인이 필요해!

우리 부부는 맞벌이로 각자 경제 활동을 하고 있었다. 하지만 출산 이후 나는 언제까지 이 일을 할 수 있을지 자신할 수 없었다. '내가 일을 하고 싶어도 두 아이 때문에 못할 수도 있겠구나. 그럼 돈은? 내가 아프거나 사업 부진으로 경제적 어려움이 생긴다면 두 딸은? 우리로 인해 두 딸이 피해를 입지 않을까?' 이런 생각에 우리 부부는 지금 하는 일과는 별도로 돈을 벌 수 있는 수익 창출 시스템이 필요하다는 결론에 이르렀다.

육아는 많은 시간을 요구했다. 내가 일에만 매달리지 않고 두 딸을 키울 시간과 수입을 확보하는 것, 이를 위한 파이프라인이 당시에는 호프집 창업이었다.

사실 갑작스러운 결정은 아니었다. 오래전부터 이런 아이템을 생각해왔다. 영어 카페를 운영하면서 뒤풀이 장소가 고민이었는데 인원이 많아서 수용할 장소가 마땅치 않았고 정기 모임이나 연례 행사를 할 때마다 장소 섭외에 골머리를 앓았다. 대관 업체들은 2~3배까지 바가지를 씌우기도 했다. 결국 회식할 장소를 구하지 못해 영어 카페에서 모임을 개최한 적도 많았다. 사실 회식 장소는 일반 음식점과 달리 음식의 맛보다는 술맛, 분위기, 접근성이 성패를 좌우한다. 만약 내가 이런 것들을 만족시킨다면 이 호프집으로 제2의 파이프라인을 창출할 수 있지는 않을까 이런 기대를 했던 것 같다.

내가 없어도 자동으로 돌아가는 매장을 만들려면?

이렇게 고민하고 시작한 일이지만, 역시 쉬운 일은 없었다. 잘하고 있는 건지 불길한 생각도 들었다. 그때부터 1년간은 지옥 같은 삶의 연속이었다. 우리는 현금 30%, 대출 70%를 안고 사업을 시작했다. 호프집 창업에는 주류 대출이라는 것이 있다. 주류 대출이란 주류 유통회사가 은행 보증을 서고 호프집에 대출해주는 조건으로 그 회사의 주류를 거래하는 것을 말한다. 따라서 호프집 창업은 상대적으로 낮은 투자금으로 시작할 수 있다.

우리는 인테리어도 최소 비용으로 하기 위해 원하는 인테리어 사진을 온라인에서 찾아냈다. 그리고 3D 인테리어 디자인 사무소에 도면을 맡긴 후 인테리어 업체 15군데에 견적을 의뢰했다. 여기서 가장 적게 견적이 나온 업체랑 계약을 했다. 비용 절약을 위해 기본 인테리어만 했고, 조명, 화장실, 폴딩 도어, 간판, 자동문 등 일일이 업체를 찾아가서 직영으로 진행하여 인테리어 총비용에서 30% 이상을 낮출 수 있었다.

그런 다음 경험이 없는 우리에게 '전수 창업'을 해줄 수 있는 전문가를 찾았다. 전수 창업이란 말 그대로 기존의 창업자로부터 노하우를 전수받아 창업하는 것이다. 프랜차이즈처럼 기업이 아닌 개인의 능력을 빌려 비용을 지불하고 모든 운영에 대한 노하우를 전수받는 것이다. 이 분야 전문가 또한 블로그를 통해 알게 되었다.

마지막에 한 일은 직원 채용이다. 우리처럼 사장이 매장에서 일하지 않고 자동으로 돌아가는 오토 매장은 직원이 중요하다. 주방장은 10년간 호프집 운영을 해본 사장님을 고용했다. 매니저도 7년 이상 경험이 있는 사람을 고용했다. 내가 할 수 있는 일은 돈을 더 주더라도 전문가를 영입하는 것이었다.

40일간의 준비 기간이 끝났다. 나는 늦게 들어오는 남편 대신 만삭의 몸으로 육아와 집안일을 도맡아야 했다. 출산이 임박하니 극도의 스트레스에 시달렸다. 창업 준비를 하면서 남편과 의견 다툼도 잦았다. 새로운 일을 한다는 기쁨과 설렘은 잠시, 엄청난 두려움이 밀려왔다. 앞으로의 상황들은 불 보듯 뻔했다. 창업 후 두 딸을 내가 혼자서 봐야 하는 상황, 성향 차이로 예상되는 잦은 다툼……. 둘 다 고집불통이라 의견 조율이 힘든 상황이 펼쳐졌다. 뭐에 홀렸던 거지? 왜 내가 이걸 하려고 했지? 하지만 후회를 하기엔 이미 늦어버렸다.

호프집 인테리어

전수 창업 호프집 메뉴

미쉘톡톡!!

사람 쓰는 일이 가장 어렵다(ft. 오토 매장 운영기)

남편의 퇴사, 수익형 자영업에서 생계형 자영업으로!

스타트는 아주 좋았다. '오픈빨'이란 게 통했던 것 같다. 없던 게 생겨서일까? 사람들이 궁금해하며 들어왔다. 하지만 좋은 것도 잠시였다. 사람들이 밀려들었지만 주방에서 안주를 대질 못했다. 들어오던 손님들이 되돌아 나가고 기다리던 손님도 지쳐 나가버렸다. 내 생각은 완전히 빗나가기 시작했다. 손님들의 불평도 커져만 갔다. 급기야 안 좋은 소문까지 돌기 시작했다.

언제나 그렇듯 나쁜 일은 한꺼번에 몰려온다. 결국 주방장이 그만두었다. 갑자기 그만둔 주방장은 인수인계도 제대로 하지 않았다. 부부 싸움은 더욱 잦아졌다. 오토 매장 운영이 쉽게 되리란 생각은 사치였다는 게 판명 났다. 매장 운영의 어려움과 매출 부진으로 결국 남편은 육아 휴직 6개월을 내고 매니저로 뛰기로 결정했다. 일이 잘되어 퇴사할 생각은 해봤지만 매출 부진 때문에 직원 월급 줄이자고 육아 휴직을 낼 생각은 꿈에도 못 했다. 저녁 5시 오픈부터 시작해서 새벽 4시 마감까지 남편은 매장에서 하루 종일 살았다. 그때부터 호프집은 수익형 자영업이 아닌 생계형 자영업으로 변하기 시작했다.

창업 1년 만에 투자금 회수, SNS가 해결사!

주방장이 나가고 우리는 부부 동업이 아닌 부부 협업으로 사고를 전환했다. 남편은 매장 운영, 나는 마케팅에 집중했다. 이것저것 다 해보며 얻은 결론은 사업이란 홍보나 광고만 잘한다고 매출로 연결되지 않는다는 것이었다. 물론 고객은 창업 초기에 한 번쯤은 매장을 이용한다. 하지만 이때 고객을 감동시키지 않으면 다음 방문은 기대할 수 없다. 아무리 대대적인 홍보와 광고를 하더라도 핵심 서비스와 노력이 수반되지 않으면 지속적인 효과를 볼 수 없다.

우리는 1년 만에 투자금 회수, 15개월 만에 수익을 창출하고 오토 매장으로 전환할 수 있었다. 오토 매장은 사장이 메뉴와 운영 시스템을 완벽하게 숙지하고 업무 프로세스를 매뉴얼화할 때 가능하다. 그래야 어떤 직원이 오더라도 구멍이 생기지 않고 서비스와 품질이 유지된다.

05

창업 후 15개월 만에 수익 창출!
- 블로그 마케팅 1등 공신

저품질 블로그가 되자 결심한 2가지

　초짜 호프집 사장이 주방장도 나가고 쑥대밭이 된 매장을 어떻게 15개월 만에 살려냈는지 궁금할 것이다. 처음에는 '강남역 그남자'라는 블로그를 운영하며 강남역 맛집과 강남역 소식을 꾸준히 포스팅했다. 초반에는 그럭저럭 효과를 봤다. 강남역 맛집, 강남역 술집, 강남역 옷가게 정보를 블로그에 올리고 그 안에 마케팅 성과를 측정하기 위해서 우리 호프집의 무료 안주 쿠폰을 넣었다. 이걸 가지고 오면 안주 1개를 공짜로 준다는 홍보 포스팅을 하곤 했다.

　물론 내가 직접 주방에서 안주를 만들고 서빙을 하며 손님들의 스토리를 담아서 블로그를 했다면 효과를 봤을 것이다. 하지만 나는 실제로 호프집에서 일하지 않고 마케팅만 담당한 상태였기에 그런 방식으로 블로그 포스팅을 하는 건 한계가 있었다.

때마침 운영하던 블로그가 키워드 저품질에 걸렸다. 키워드 저품질이란, 중복 키워드를 자주 쓰면 해당 키워드로 포스팅이 되었을 때 상위 노출이 되지 않는 것을 말한다. 네이버 알고리즘을 전혀 몰랐던 나는 3,000명 이상 방문자수가 갑자기 300명 정도로 줄어서 낙심했다. 그 이후 어떤 포스팅을 해도 내 블로그는 상위 노출이 되지 않았다. 물론 다른 키워드로 적을 때는 상위 노출이 된다. 하지만 '강남역 맛집', '강남역 술집' 키워드로 넣을 때는 어림없었다.

키워드 때문에 저품질 블로그가 되면서 결심한 것은 2가지였다. ❶ 네이버 알고리즘을 공부할 것 ❷ 솔직한 리뷰를 해줄 블로거를 모집해서 홍보해주는 시스템을 구축할 것, 즉 체험단을 운영할 것!

체험단, 절대 돈 주고 사지 말 것!

요즘 체험단을 모집하는 대행 업체들이 많다. 나 역시 의뢰해보고 든 생각은 진짜 비싸다는 것이다. 비싼 돈을 주고 체험단 신청을 할 것인가, 아니면 힘들어도 내가 직접 모집할 것인가? 나는 후자를 선택했다. 그 이유는 내가 여러 사업을 병행하는 과정에서 이 정도 체험단 모집도 못 한다면 어떻게 영업하고 홍보하나 싶었기 때문이다.

우선 핵심 키워드를 검색한 후 1~5위까지 상위 노출이 된 블로그에 비공개 댓글이나 쪽지로 체험단 활동이 가능한지 문의를 했다. 하지만 단 1건의 답신도 없었다. 순간 체험단 구하는 게 어려워서 대행사가 존재한다는 것을 깨달았다.

체험단 모집 기획을 처음부터 다시 시작했다. 우선 상위 노출이 된 블로그부터 찾았다. 맛집, 술집, 데이트 장소, 디저트 카페, 강남역, 압구정, 홍대, 대학로 등 20~30대가 주로 소비하는 지역과 장소를 검색한 후 1~5위까지 블로그 리스트를 만들었다.

체험단 의뢰를 하기 전에 '서로이웃' 요청을 했다. 그런 다음 올려놓은 포스팅 최소 5개에 공감과 댓글을 달아 친해지는 노력을 기울였다. 나도 예전에 일면식이 있는 블로거가 도움을 요청해서 적극적으로 도와줬던 경험이 있다. 그래서 우선 친해지는 게 급선무라고 생각했다.

블로거에게 가장 중요한 것은 내 글에 대한 반응이다. 나는 어느 정도 관계를 맺은 블로거에게 쪽지와 댓글로 내가 어떻게 해서 호프집을 운영을 하게 되었는지, 어떤 걸 제공할 건지, 호프집이 어떤 곳인지 악평을 해도 상관없다는 등 내용을 설명했다. 그리고 카톡을 남긴 후 세부 설명은 URL 링크를 걸어두었다. 신기하게도 나의 제안을 무시하는 이웃은 한 명도 없었다. 물론 '시간이 되면 갈게요'란 쪽지가 가장 많았다. 실제로 오겠다는 이웃도 10명이나 되었다. 이 중

3명은 카톡으로 직접 연락이 왔다.

물론 체험단을 돈 주고 사는 건 쉽다. 하지만 결과는 다르다. 나를 모르는 사람이 우리 호프집을 체험해서 리뷰를 올려주는 것과, 나를 아는 사람이 방문해서 올려주는 것은 하늘과 땅 차이다. 나는 우리 호프집을 방문해준 이웃들에게 자그마한 선물을 준비하기도 했다. 이런 이웃들은 이후에도 연락이 온다. '강남역 가는데 혹시 체험단 가능하느냐고. 돈 주고도 홍보를 하는 세상인데, 이런 이웃들은 언제나 환영이다. 주방과 홀에 따로 이야기해서 최선을 다해 서비스를 제공한다.

미쉘톡톡!!

블로거 협업은 월 1,000만원 마케팅 효과

1만 블로거 모임 뒤풀이 장소로 낙점

블로그를 하다 보면 결국 잘하는 블로거들끼리 모이게 되고, 그들만의 리그에서 협업하는 조직이 생긴다. 그 모임 중 하나가 1만 블로거(1일 방문자 기준) 모임이었다. 나는 1만 블로거는 아니었지만 지인을 통해 그 모임에 초대를 받았다.

우리 모임의 스터디와 뒤풀이는 내가 운영하는 호프집으로 낙찰되었다. 이 모임 후 몇몇 블로거들이 '강남역 술집 모임', '회식하기 좋은 곳' 키워드로 후기를 써주었다. 그랬더니 '강남역 술집' 키워드를 검색하면 1위부터 10위까지 내가 운영하는 호프집만 나왔다.

당시 '강남역 술집' 키워드가 1~5위까지 상위 노출이 되려면 마케팅 대행사에 월 200만~250만원의 비용을 지출해야만 했다. 내 호프집은 별도의 광고비 지출 없이 1만 블로거들의 도움으로 상위 노출이 된 것이다. 이것을 비용으로 환산하면 월 1,000만원 수준이었다.

사장님, 블로그 운영부터 시작하세요!

사업주가 마케터로서 자신만의 채널을 갖고 있으면 다양한 기회가 생긴다. 그래서 내가 사장님들만 만나면 블로그부터 시작하라고 권하는 것이다. 무엇보다 비슷한 처지의 사장들끼리 블로그를 하면 상생과 협업이 가능해진다. 서로의 사업장을 방문하고 허심탄회한 대화 속에 진솔한 콘텐츠가 블로그에 올라오면 자연스럽게 매출이 올라가는 식이다.

내가 1만 블로거들에게 도움을 받은 것처럼 나도 다른 사장님들을 열심히 도왔다. '블로그 글, 뭐 별거 있겠어?' 했던 사장님들도 나의 후기 덕분에 매출이 급상승하자 누구보다 열심히 블로그를 운영하였다. 성과가 좋으면 소문이 순식간에 퍼진다. 하루가 멀다 하고 사장님들이 찾아와서 체험단 이벤트를 열 테니 도와달라고 요청했다. 몸이 10개라도 모자랄 정도였다.

나는 강남역에 있는 맛집, 카페, 극장, 옷가게를 주야장천 돌아다니면서 사람들이 좋아할 만한 내용으로 포스팅을 했다. 그리고 해당 포스팅 안에 우리 호프집에 오면 안주(케이준 치킨 샐러드) 1개를 공짜로 준다는 홍보 배너를 달았다. 무료 서비스가 가장 많이 나갔을 때는 하루에 25개까지 나간 적이 있다. 이 말은 배너를 보고 25팀이 왔다는 의미이기도 하다. 나는 온라인 홍보를 하면 얼마나 효과가 있는지 측정을 하고 싶었고, 그 결과를 눈으로 확인하니 블로그를 더 열심히 하게 되었다.

사업가보다 마케터로
성장하고 싶어서

상위 노출 1위 블로그에서 저품질 블로그로 전락!

앞에서 이야기한 대로 블로그 마케팅을 시작하면서 영문도 모른 채 저품질 블로그가 되었다. 하지만 시간이 지나면서 내 글은 다시 방문자수가 늘면서 상위 노출이 되었고 글만 올리면 검색 결과가 1위가 되었다. 그러던 어느 날 달콤한 유혹이 들어왔다. 원고를 줄 테니 이대로 올려주기만 하면 10만원을 준다는 것이다. 올리기만 하는데 10만원이면 할 만하지 않은가? 원고와 문서를 받고 내 블로그에 올리는 시간은 단 5분. 나는 5분 만에 10만원을 벌었다.

하지만 3일 후 하루 1만명이 방문하던 내 블로그는 200~300명으로 방문자수가 감소했고, 소위 말해 저품질 블로그로 전락해버렸다. 2번째 당하면서도 저품질 블로그의 실체를 제대로 파악하지 못했다. 저품질 블로그란 누군가 원고를 주고 기계적으로 올리면 네이버에게 찍혀서 아무리 좋은 글을 써도 그 글이 상위 노출이 되지 않는 걸 말한다. 내 블로그가 네이버에게 찍힌 블로그가 된 것이었다.

온라인 마케팅을 새롭게 공부하게 된 계기

어쩌면 다행인 일이었다. 나는 원점에서 다시 시작하기로 결심했다. 그동안 책도 안 읽고, 강의나 교육도 받지 않고 방향성 없이 블로그 글을 쓰기만 했다. 무료로 컨설팅을 받을 기회가 있었는데도 외면했다. 그러다 보니 스스로 한계를 느꼈다. '그래, 블로그 운영만 하지 말고 본격적으로 온라인 마케팅에 대해 공부해보자.' 어떻게 하면 더 효과적으로 공부할 수 있을까 고민하다가, 온라인 홍보 대행사에 내 사업의 일을 돈을 주고 맡기면서 그들이 어떻게 홍보하는지 지켜보았다. 매출 상승 효과는 물론, 성과 측정 방법, 온라인으로 입소문을 내는 다양한 노하우를 알게 되었다. 그리고 온라인 홍보 대행사처럼 일을 해주면 돈을 얼마 받아야 하는지도 알게 되었다. 국내 회사들이 생각보다 어마어마한 비용을 온라인 마케팅비로 지출하는 사실을 알게 되었다.

온라인 마케팅, 실전 경험이 최고!

홍보 대행사의 온라인 마케팅 방법은 다양했다. 여기서 내가 주목했던 방법은 바로 체험단이다. 내 사업을 체험단으로 일으켰고 다른 사장님들에게도 도움을 주었기 때문에 친숙했다. 무엇보다 온라인 체험단은 비용 대비 효과가 높다.

내가 체험단에 관심을 둔 또 다른 이유는 평소에 만나기 어려운 사장님들을 체험단을 계기로 만날 수 있어서였다. 사장님들은 대부분 배울 게 많은 분들이다. 그들과 대화하며 인사이트를 얻는 것만으로도 체험단 운영은 메리트가 있었다.

나는 일단 사장님들을 만나면 사장님이 할 홍보 방법과 마케터가 할 홍보 방법이 다르다는 설명부터 한다. 미팅을 하면서 중요한 내용들을 녹음하고 사진 촬영도 한다. 그런 다음 블로그에 체험단 콘텐츠를 올리고 상위 노출이 되면 캡처 이미지를 다시 사장님에게 보낸다. 그러면 사장님에게 연락이 온다.

"혹시 다시 만날 수 있을까요? 제가 A라는 대행사에 000원 정도 비용을 주고 홍보를 하고 있는데 미쉘님이 저희 회사 홍보를 해주실 수 있을까요?"

"제가 다른 회사도 운영하고 있는데 홍보 가능할까요?"

그리고 나는 항상 사장님들에게 이렇게 역제안을 한다.

"제가 블로그에 체험단 콘텐츠를 올리면 이 콘텐츠를 보고 몇 명이 왔다는 걸 일일이 확인하고 싶은데요. 혹시 5% 할인 쿠폰을 제공해주실 수 있을까요? 제 블로그에 올려도 될까요?"

사장님들은 결국 5% 할인 쿠폰 제공에 동의를 해준다. 이 쿠폰을 통해 내 블로그 콘텐츠로 몇 명이 왔는지 성과 측정이 가능하다. 나는 더 이상 체험단 콘텐츠를 올리고 얼마의 원고료를 받는 것에 목을 매지 않는다. 그 대신 잘 팔리는 콘텐츠를 어떻게 올릴지 고민한다. 체험단 활동이 얼마나 도움이 되었는지 파악하는 게 중요하다. 내 콘텐츠를 보고 사람들이 직접 그 매장을 가야 의미가 있는 것이다.

이렇게 체험단 콘텐츠를 만들면 사장님과 많은 이야기를 할 수 있다. 어떻게 이 사업을 하게 되었는지, 어떤 경험과 경력이 있는지, 왜 이 장소에 매장을 오픈했는지, 상권 분석을 어떤 식으로 했는지, 시그니처 메뉴는 어떻게 만들었는지, 누구의 도움을 받으며 여기까지 왔는지 등.

사장님들과 이야기하다 보면 온 힘을 다해 상품과 서비스를 개발했다는 것을 알 수 있다. 하지만 잘 팔리는 건 별개다. 이 제품이 좋다는 것을 어떻게 알리느냐가 매출 상승의 관건이다. 그러려면 사장이 마케터가 되어야 하는 것이다. 이것이 내가 1년간 체험단을 운영하면서 내린 결론이었다.

가슴 뛰는 일을 찾아서

내 사업에 도움이 되고자 시작한 체험단 활동이 덩치가 커졌다. 입소문이 퍼져서 부탁하는 사장님들이 많아졌고 나중에는 체험단 대행 업체처럼 확장해서 운영하게 되었다. 본업보다 체험단 일이 많아지자 나는 또다시 갈림길에 놓였다. 내 사업을 확장할 것인가, 아니면 온라인 마케팅을 좀 더 파고들 것인가?

사실 나는 창업을 한 지 8년 만에 사업가로서 자질과 능력이 부족하다는 걸 깨달았다. 지금처럼 소규모로 이끌어가는 것은 잘할 수 있지만 직원 수를 늘리며 사세를 확장하는 데는 영 자신이 없었다. 회사를 키우려면 내 모든 것을 희생해야 한다. 회사의 생존이 눈앞에 있는데 가족과의 시간도 나만의 자유 시간도 회사 앞에서는 1순위가 될 수 없다. 이런 게 내가 원하는 삶일까? 아니었다. 하지만 온라인 마케팅 일은 정말 재미있었다. 나의 도움으로 다른 회사의 매출이 급상승하는 경험을 할 때마다 뭐라 말할 수 없이 짜릿했다.

그래, 이왕이면 가슴 뛰는 일을 해야 하지 않을까? 이렇게 내 인생의 방향을 바꾸었다. 사업가로서 살기보다 기획자와 마케터로서 성장하기로 결심한 것이다.

사업 위기 때마다

블로그 마케팅이 해결사!

새로운 도전!
원룸 건축으로 임대 수익 창출

자영업자의 꿈 '언젠가 내 건물에서 장사를 할 거야!'

자영업으로 돈을 벌면 부동산에 자연스럽게 관심이 간다. 내 건물에서 내 사업을 하고 싶은 욕심이 생기는 것이다. 그리고 들쭉날쭉한 사업 소득과 별개로 임대 수익처럼 안정적인 수입원을 기대한다. 나역시 호프집이 자리를 잡자 자연스레 부동산으로 눈을 돌렸다.

어느 날 직영 건축으로 내 건물을 지으면 수익률이 높다는 칼럼을 읽게 되었다. 토지를 직접 매입하고 건축해서 최종 소비자가 아닌 최초 소비자로 수익을 극대화시키자는 내용이었다. 나는 남편을 떠올렸다. 남편과 함께라면 할 수 있겠다는 확신이 들었다.

남편은 20살부터 건축 현장에서 일했고 학부, 대학원 모두 건축학을 전공한 사람이다. 졸업 후 대기업에서 건설회사 시공 관련 업무를 담당했다. 나름 인정도 받았다. 내가 이런 이야기를 하면 대부분 "아하, 그래서 부동산에 관심을 가졌구나" 하고 반응한다. 하지만 오히려 알면 못 하는 게 이 일이다. 남편은 건축 현장의 속사정을 다 알고 있었기에 오히려 부동산 사업은 피해왔다. 아파트만 지어봤기 때문에 다른 건축은 잘 몰랐던 것도 이유 중 하나였다. 이렇게 뼛속까지 건설맨인데 강남역에 창업한 호프집 때문에 회사를 그만둔 것이다. 어느 날 남편이 친구들 모임에서 돌아온 후 이런 이야기를 했다.

"오늘 이상한 기분이 들더라. 친구들 사이에서 할 이야기가 없었어. 다들 전공 살려 열심히 일하는데 나는 뭐 하나 싶기도 하고, 별별 생각이 다 들더라고."

나는 마음이 무거웠다. 미안한 마음도 들었다. 멀쩡히 회사 다니는 사람을 자영업자의 길에 들어서게 한 게 아닌가 싶었다. 그러다가 읽게 된 직영 건축 칼럼은 한줄기 빛과 같았다. 곧바로 다음(Daum) 카페에 가입하고 직영 건축 공부를 시작했다.

'그래, 무조건 토지를 매입하고 건축을 하는 거야. 경매, 오피스텔 그런 거 말고. 남편도 해오던 일이니 보람을 느끼게 되겠지.'

마침 호프집도 흑자로 돌아서고 오토 매장 시스템으로 운영되던

터라 곧바로 실행에 옮겼다.

땅 매입부터 분양까지!
수익률 높이려면 직영 건축이 정답

카페 모임에서 부동산 투자 동지 4명을 만났다. 첫 현장 답사 모임 때 한 20명쯤 모였는데 여기에서 4명이 걸러졌다. 우리는 모두 초보였다. 당시 아산, 조치원을 비롯해 대구, 충주 등 이곳저곳을 함께 돌아다녔다. 그러다 경기도 이천에 마음에 드는 토지를 발견했고 함께 매입했다. 많은 사람이 인터넷으로 사람을 만나는 것에 대해 색안경을 끼고 본다. 하지만 어디서 만난 사람인지는 중요치 않다. 나와 같은 꿈과 목표를 가진 사람인지가 중요하다. 나는 운이 좋은 사람이다. 그 많은 사람 중에 괜찮은 이들과 한 배를 탔고 지금까지 함께하고 있으니 말이다.

우리는 원룸(도시형 생활주택 4필지) 76세대를 직영 건축으로 지었다. 직영 건축이란 말 그대로 건축주가 직접 건축하는 것이다. 물론 돈을 더 주고 건축업자에게 모든 걸 맡길 수도 있다. 어쩌면 그게 쉬울 수 있다. 하지만 우리는 직영 건축을 선택했다. 한 번만 하고 끝낼 게 아니기 때문이었다.

혼자서 1,000미터를 뛰면 힘들지만 여럿이 나눠서 뛰면 한결 수

월하다. 부동산 동지들과 투자를 하면서 이 원리를 깨달았다. 작은 땅은 비싸지만 큰 땅은 오히려 싸다. 건축 자재도 공동 구매를 하니 단가를 낮출 수 있었다.

원룸 직영 건축의 성공은 준공 후 공실 여부에 달려 있다. 투자금을 회수하려면 임대든 매매든 빠른 거래가 필수인데 공인중개사만 믿고 있을 수는 없었다. 사람들은 중개료만 주면 중개인이 알아서 세입자를 구해주리라 착각하는데 그렇지 않다. 부동산 중개소는 우리 물건만 갖고 있는 게 아니기에 똑같이 중개료를 줘서는 절대 내 물건이 먼저 계약되지 않는다. 그래서 우리는 블로그를 통해 세입자를 직접 구하리라 결정했다.

원룸에 사는 연령층은 20~30대이고 99%가 스마트폰 유저다. 이들은 인터넷으로 시세 분석을 하고 원하는 매물이 있는지 찾아본 후 움직인다. 검색 과정에서 내가 블로그에 올린 매물을 보게 되고, 그 원룸이 마음에 드는데 수수료까지 없다면? 100% 우리에게 연락할 것이라고 생각했다.

4명의 동지와 함께 매입한 이천 원룸 부지

총 76세대의 첫 번째 직영 건축 완성

특명, 공실 제로!
블로그로 세입자를 구하라

임대 수익 창출 - 원룸 19세대, 월세 550만원

"자기야, 기억나? 우리 첫 신혼집을 원룸 8,000만원에서 시작한 거. 그곳에 원룸이 24개 있었고 옆집은 단기 월세로 보증금 120만원에 월세 120만원이었던 거. 그때 자기가 이런 말 했었지. 그 건물을 통째로 가지고 있는 사람은 얼마나 행복할까?"

원룸 직영 건축을 시작한 지 1년 6개월 만에 신혼 때의 꿈이 이루어졌다. 구체적으로 말하면 원룸 19세대, 월세 550만원의 수입이 생긴 것이다. 원룸 직영 건축 당시 우리는 돈이 많지 않았다. 둘 다 개인 사업자라서 소상공인 대출도 최대치를 받았다. 금융 비용을 낮추기 위해 건물 완공 기간을 8개월로 최소화했고 펀드 대출은 물론 카드론까지 자금을 끌어모았다. 이렇게 해도 10% 정도 자금이 모자랐다. 하지만 노력할수록 돈을 벌 수 있는 게 자영업이다. 우리는 그간의 경험을 토대로 충분히 융통할 수 있으리라 생각해서 일단 투자를 결심했다.

하자 없는 건축 과정, 블로그로 홍보! 공실률 제로를 위한 고군분투 마케팅

나는 교육 사업과 호프집 사업에서 블로그 덕을 톡톡히 봤다. 부동산 역시 블로그를 활용하면 성공할 수 있을 거라 생각했다. 마음이 바빠졌다. 준공이 코앞이고 어서 빨리 세입자를 들여야 했다.

블로그로 세입자 구하기의 핵심은 이렇다. 우리나라는 건축 과정에 대한 신뢰가 약하다. 하지만 블로그에 토지 매입부터 건물이 올라가는 과정을 포스팅하고 건축 자재 매입 단가와 시공 과정을 눈속임 없이 공개한다면 세입자가 먼저 연락을 해올 것이라 믿었다. 그리고 이 과정에서 공인중개사 없이 직거래가 성사된다면 투자 수익은 높아질 게 분명했다.

나는 블로그에 모든 건축 과정을 오픈했다. 집이 지어지는 과정뿐 아니라 내 사진과 가족 사진, 내가 하는 사업까지. 건축주에 대한 신뢰도를 높이는 데 집중했다. 건축 과정에서 매입한 부자재 구매 과정도 투명하게 공개했다.

실제로 싸게 짓고 싸게 파는 건축주들도 많고 하자가 있으면 나 몰라라 하는 건축주도 많다. 적어도 나는 정직하게 건축을 했고 세입자 또한 끝까지 책임질 수 있는 사람이란 걸 보여주기 위해서 노력했다. 블로그에 내 사진을 공개한 것도 신뢰도를 높이기 위해서였다. 블로그만 봐도 내가 어디에 사는지, 어디에서 어떤 매장을 운영을 하는지, 어느 곳에서 강의를 하는지 다 알 수 있었다.

설계, 자재 매입 등 건축 전 과정을 블로그에 공개해서 신뢰를 얻을 수 있었다.

나는 건축 과정은 물론이고 인테리어 과정도 포스팅했다. 세입자가 흡족할 만한 방범 시설, 무인택배함, 수납 등을 집중 공략해서 올렸다. 지금은 일반화되었지만, 당시 세입자들은 무인택배함이 있다는 것에 굉장히 만족했다. 이건 내가 원룸에 살아본 경험에서 나온 결과물이다. 이래저래 비용은 추가되었지만, 일단 우리 건물에 살게 되면 다른 곳으로 이사 가기 싫다는 생각이 들게 하고 싶었다.

이렇게 나를 드러내니 연락이 오기 시작했다. 그리고 준공 전에 함께한 동지들의 원룸까지 총 76세대 세입자를 공실 없이 들이게 되었다. 블로그로 세입자를 모집했지만 소위 진상인 세입자는 단 1명도 없었다. 첫 번째 직영 건축을 경험하자 그다음은 쉬워졌다. 그리고 나는 4명의 동지와 지금도 이 작업을 진행 중이다.

원룸 세입자를 다 구한 후에도 카톡과 댓글로 계속 문의가 왔다.

블로그로 건물 매매도 가능하다고?

꾸준히 포스팅했더니 해결된 문제들

원룸 건물의 공실률 제로를 위하여 토지 매입부터 준공 완료 시점까지 총 10개월간 포스팅한 게시물은 10개밖에 안 된다. 만약 세입자를 빨리 구하지 못했다면 그 개수는 더 늘어났을 것이다.

건축 관련 게시물은 쉽게 볼 수 있는 콘텐츠는 아니다. 실제로 건축을 해본 사람은 1%밖에 안 된다. 우리처럼 토지를 매입해서 건축하는 과정을 포스팅하는 블로그는 드물다. 그래서였을까? 이 글에 대한 비공개 댓글, 쪽지, 메일 등이 상당히 많이 왔다. 몇 년이 지난 요즘도 이 글을 읽는 사람이 많다.

글 제목
공지결성 후, 첫번째 프로젝트가 완료 되었습니다. (18) 비공개
[원룸건물매매] 2년간의 긴 여정의 종지부를 찍었습니다. (78) 비공개
[경험담공유] 네이버 카페, 블로그로 세입자를 구하라!! (100% 만실 완료) (55) 비공개
뻔한 미쉘의 준공 전 90% 세입자 구함, 준공 난 후 이틀만에 100% 만실 (87) 비공개
원룸건축, 골조공사, 조적공사, 미장공사 (48) 비공개
원룸짓기, 원룸 건축 - 수익형 부동산 직영 공사 네 번째 포스팅 (17) 비공개
[원룸건축] - 착공 메트 공사 (19) 비공개
[도시형생활주택] 가설계 부동산 수익율 분석하기 (26) 비공개
원룸, 빌라 짓기 - 토지매입을 드디어 했네요 (45) 비공개

블로그에 올린 원룸 건축 과정 게시물 목록

블로그 글만 보고 계약을 결정한 매수인 등장

블로그로 세입자를 구할 수는 있어도 직거래로 매매할 수 있으리란 생각은 꿈에도 하지 않았다. 하지만 결론부터 말하면 세입자를 구하려고 포스팅한 글로 건물 매매까지 성공시켰다.

이 원룸 건물을 매수한 분은 내가 올린 첫 게시물부터 쭉 읽으면서 매물에 대한 신뢰를 가진 상태였다. 이천이란 지역에 관심을 갖고 있는 매수자였는데 경매로 입찰할 건물을 보러 방문했다가 우리 건물까지 답사를 한 것이다. 동행한 지인이 블로그에서 본 곳에나 한번 가보자 해서 왔다고 했다.

실제로 만났을 때 이분은 직거래 시 계약 절차부터 물어봤다. "아니 건물부터 보셔야 계약을 하지요"라고 물으니 내가 포스팅한 글로 건물 상태는 믿음이 간다고 했고, 내가 올린 이천 지역 분석 글로 공부도 했다고 말했다. 아무리 꼼꼼하게 건축했다고 해도 내부에 곰팡이가 슬었거나 사진과 실물이 다를 수도 있는데 건물 계약이 체결되었다는 것 자체가 나에게는 굉장히 신선한 충격이었다. 무엇보다 블로그 포스팅은 포기하지 않고 꾸준히 하는 게 중요하다는 것을 실감한 경험이었다.

나는 부동산 포스팅을 하면서 느낀 게 있다. 원룸 같은 건물은 그 자체로 고유성을 가진다. 사야 할 물건이 단 하나 존재할 경우 블로그 조회수는 큰 의미가 없다는 것이다. 그냥 부동산을 매입할 확실한 1명만 존재하면 된다. 많은 양의 게시물이 아니더라도 내가 작업하는 과정을 정리해서 올리는 것이 중요하다.

내가 포스팅한 블로그를 내가 삭제하지만 않는다면 매일 누군가가 들어와서 꾸준히 읽어준다는 게 신기하다. 이런 게시물이 블로그에 몇 개만 있어도 엄청난 힘을 발휘하게 된다.

건물 관련 포스팅은 조회수보다
상위 노출이 중요했다.

어쩌다 부동산 디벨로퍼!
서울 빌라 분양 사업에 뛰어들다

다달이 월세를 받고 싶어서 이천에 원룸을 건축했지만 블로그 덕분에 예상보다 빠르게 매도하고 시세 차익까지 거두게 되었다. 이렇게 마련한 자본을 놀릴 수만은 없었다. 그래서 부동산 동지들과 서울 수유동 역세권 빌라 분양 사업에 뛰어들게 되었다. 이천 투자를 통해 신뢰를 다져온 시공회사 대표님이 토지 정보를 주었기에 가능한 일이었다. 이런 고급 정보가 나에게 온 이유는 건물을 잘만 지어놓으면 팔 수 있는 누군가가 있었기 때문이다. 그 누군가는 바로 나였다.

"서울 역세권인데 시세보다 싼 토지가 있어요. 거기에 빌라 지어서 분양해볼래요? 바로 맞은편이 극장이고 지하철역에서 2~3분 거리예요."

첫 직영 건축으로 팀워크를 확인한 우리는 빌라 분양 사업에 도전하게 되었다.

시세보다 3,000만원이나 비싼 빌라 누가 사겠어?

내가 보유하려고 마음먹었던 원룸 건축 때와는 달리 빌라 분양 과정은 블로그 포스팅이 상대적으로 적었다. 샘플 하우스가 꾸며지고 인근 공인중개사, 빌라 분양 대행사들이 방문을 하고 난 후 다음과 같은 피드백을 들었다.

"아무리 위치가 좋아도 그렇지 3,000만원이나 비싼데 누가 사겠어? 안 팔리겠네."

발등에 불이 떨어졌다. 나는 그때부터 정신을 차리고 '수유동 신축 빌라 분양', '수유동 빌라 전세보다는 매매', '수유동 아파트 전세보다 빌라 매매가 좋은 이유' 등의 내용과 함께 한동안 쓰지 못했던 건축 과정을 열심히 써서 올렸고, 다행히도 모두 상위 노출이 되었다. 사람들의 관심이 생각보다 뜨거웠고 60개가 넘는 댓글이 달려 2달 만에 빌라 분양이 완판되었다.

사람들의 관심이 뜨거웠던 빌라 분양 포스팅, 2달 만에 완판!

수유동에서 공인중개사를 하는 사장님이 내 글을 보고 내가 하는 마케팅 수업에 참여했다. 처음에는 돈을 받고 원고를 올려준 사람이라고 생각했지 설마 건축주일 거란 생각은 못했다고 했다. 이분은 수업 전부터 이미 블로그의 힘을 경험한 적이 있었다. 공인중개소 사무실에 어떤 손님이 들어와서 다짜고짜 내가 포스팅한 글의 링크를 보여주더니 그 빌라를 소개해달라고 했다는 것이다.

"여기 혹시 보여주실 수 있나요? 이 빌라 분양받고 싶어서요."

공인중개소 사장님은 그 후로도 10명 넘는 손님이 이 빌라를 보고 갔다고 했다. 사람들은 공인중개사를 찾아가기 전 온라인에서 매물 정보를 확인한다. 그때 빌라 분양 정보를 내 블로그에서 봤고 곧바로 매매 문의로 연결된 것이다. 새삼 블로그의 힘이 대단하구나 싶었다.

꒝ 꼬리에 꼬리를 무는 부동산 분양 사업 ꒝

수유동 빌라가 올라가는 시점에 또 다른 토지를 매입하게 되었다. 이번 토지 정보는 인근 공인중개사가 준 것인데 단독주택 3필지가 급매로 나왔다고 했다. 우리보고 매입해서 허물고 빌라를 지어 분양 하라는 것이었다. 부동산 동지 모두 각자 본업이 있지만 2번의 집 짓 기로 신뢰가 쌓인 상태였고 함께한 시공사 대표님도 믿을 만했다. 무 엇보다 블로그 마케팅으로 공실 걱정이 옅어지자 다시 한번 의기투 합했다. 이번 투자는 기존 4명과 시공회사 2명이 함께하여 총 6명이 하게 되었다. 이 빌라도 모두 분양 완판에 성공했다. 빌라 분양이 완 료되면 또 다른 빌라 건축이 들어가고 이런 식으로 지속해서 자산을 불렸다. 그러다 부산까지 진출하게 되었다.

갑자기 왜 부산인가 싶을 것이다. 함께 투자한 사람 중 하나가 부 산에 땅이 있어서 시공회사 대표님께 시공을 요청했더니 부산까지 가기엔 수익이 나지 않는다며 난색을 표했다고 했다. 이 이야기를 들고 우리는 공동 투자로 방향을 돌렸고 인근에 함께 투자할 토지를 알아보다가 개발 호재가 있는 토지를 추가로 매입하게 되었다. 이것도 3번째 투자 때 함께했던 기존 6명 그대로 공동 투자를 했고 시기가 잘 맞물려 분양 완판이 되었다. 완공된 오피스텔을 살 생각만 했지, 분양까지 할 줄은 몰랐다. 부동산 소비자로 쇼핑하던 내가, 생산자로 입장이 바뀐 것이다. 생산자가 되고 보니 아파트나 오피스텔을 사고 팔 때보다 큰 수익이 생겼다.

부동산 분양 사업으로
소비자에서 생산자로 변신!!

그 사람 콘텐츠니까 믿을 만하지!

사실 부산 오피스텔 분양 관련해서는 많은 콘텐츠를 올리지 못했다. 겨우 3~4개 정도밖에 되지 않았다. 당시 서울에 살기도 했고, 부산에는 몇 번 가지 않은 상황이라 사진과 영상 자료가 부족했기 때문이다. 하지만 네이버에서 '부산 오피스텔 분양', '부산 아파트 매매' 키워드를 검색하면 내가 올린 부동산 콘텐츠가 상위 노출되었다. 그래서 그걸 보고 많이들 왔다고 했다.

내 블로그에는 이천 원룸 건축, 수유동 34평 빌라 분양, 15평 빌라 분양 등 부동산 정보성 콘텐츠가 100개가 넘는다. 정작 부산에 관한 건 몇 개 없더라도 과거에 내가 올린 부동산 콘텐츠를 보고 신뢰를 갖는 것이다. 부산 오피스텔 분양 콘텐츠를 올리면 대구는 혹시 없느냐, 광주는 없느냐 하며 다른 지역을 이야기하는 이들도 있었다. 그러면서 다른 지역 빌라 분양 계획이 있다면 이야기해달라고 부탁했다. 그리고 어떤 분은 자신의 토지에 빌라 분양을 해볼 생각은 없느냐면서 연락을 주기도 했다.

내가 믿을 만한 사람은 더 이상 내 옆의 사람만이 아니다. 온라인에서 믿을 만한 사람은 믿을 만한 콘텐츠를 꾸준히 올린 사람이다. 신용은 돈이라고 하지 않는가? 믿음이 가는 콘텐츠도 돈이 된다는 것을 확인하게 된 계기였다.

상대적으로 적게 올렸던 부산 오피스텔 포스팅, 하지만 과거에 올렸던 부동산 관련 포스팅 덕분에 신뢰와 성과를 얻었다.

11

나의 첫 번째 창직
- 부동산 온라인 마케터

☀ 다른 빌라 분양도 마케팅 대행을 해볼까? ☀

나는 수유동 빌라 분양을 기점으로 부동산 온라인 마케팅 대행 사업을 본격적으로 시작했다. 부동산 건축도 해봤고 내 물건을 직접 팔아봤으니 다른 빌라 분양이나 오피스텔 분양도 해볼까 싶었다. 빌라 분양을 위한 다양한 온라인 마케팅 기법을 시장에서 확인해보고 싶은 욕심도 있었다. 그래서 업계 최초로 선보이는 기획을 준비했다.

기획 ❶ 360도 카메라로 콘텐츠 만들기

지금이야 360도 카메라로 촬영을 해서 공간, 건물 내부를 보여주는 게 흔하지만 2013년만 해도 이런 시도가 거의 없었다. 앞서 블로그 사진만으로도 고객과의 계약이 체결되었듯이, 360도 카메라로 사진 촬영을 해서 블로그에 올려놓으면 더 좋은 반응이 있을 것 같았다. 이렇게 하면 부동산 매물을 직접 방문해서 보지 않아도 온라인에서 콘텐츠로 확인을 할 수 있고 계약으로도 쉽게 이어질 거라 생각했다. 그러다 예상치 못한 제안도 들어왔다. 내 블로그에 올려놓은 콘텐츠를 보고 그대로 3D 콘텐츠를 제작해달라는 시행 업체가 있었다.

누구보다 발 빠르게 시도했던 부동산 360도 카메라 촬영 콘텐츠 기획

기획 ❷ 부동산 블로그 체험단 모집하기

음식, 카페, 호텔 체험단은 있지만 부동산 블로그 체험단을 진행하는 곳은 없었다. 그래서 나는 부동산 투자를 해봤던 사람들 중 블로거로 활동하는 사람들을 모집했다. 직접 분양 현장에서 만나서 약 2시간 동안 설명한 후, 방문 소감을 가감 없이 포스팅해주기를 요청

했다. 이렇게 만든 부동산 블로그 체험단 홍보 콘텐츠를 빌라, 아파트, 타운하우스 분양 홍보 마케팅에 활용했다. 이 일은 지금도 하고 있다. 부동산 투자에 대한 경험과 지식이 있고 블로그까지 운영하는 사람들을 찾기란 어렵다. 그래서 대부분의 부동산 체험단 의뢰가 나에게 집중해서 들어온다.

다시 원점으로 돌아오면 온라인 마케팅의 핵심은 '무엇을 파느냐'보다 '어떻게 알리느냐'가 중요하다. 아무리 싸고 좋아도 SNS에 노출이 되지 않으면 고객은 그 매물의 존재조차 알 수가 없다. 하지만 아무리 비싸도 좋은 상품이고 제대로 노출만 되면 고객은 얼마든지 지갑을 연다.

세상은 빠르게 바뀌고 있다. 어제의 직업은 사라지고 새로운 직업이 생긴다. 나는 국내 최초 부동산 체험단 마케팅을 진행하는 마케터가 되었다. 직업을 스스로 만든 셈이다. 나는 부동산 온라인 마케팅 경험을 통해 SNS 환경이 빠르게 바뀌더라도 생존할 수 있다는 자신감이 생겼다.

지금도 활발하게 운영 중인 부동산 블로그 체험단

해본 게 많으면
할 수 있는 게 많아진다!

제주 입도, 또다시 수익형 부동산 투자 도전

나는 부산의 분양을 마지막으로 제주 입도를 하게 되었다. 서울을 떠나면 일거리가 줄어들 수밖에 없다. 그래서 수익형 부동산으로 임대 수익을 얻기 위해 직영 건축을 고민하게 되었다.

제주는 월세가 아닌 연세(1년 치 월세를 한 번에 내는 것)로 운영되고 그 수준은 서울 강북의 연세 정도다. 대신 제주 토지 가격은 서울 강북 토지의 1/10 가격이다. 그 당시 서울 강북구 수유동 역세권 토지가 평당 1,000만원 정도였고 제주 토지 적정 가격은 100만원 정도였다.

'바다가 보이는 토지가 평당 100만원이면? 원룸을 제주에다 지어볼까?' 이런 생각으로 움직인 투자자들이 이미 많았다. 제주에 원룸 건축을 해서 꼭대기 층에 주인 세대가 살면서 세컨하우스로 이용하고, 남은 세대는 월세로 임대 수익 모델을 만들면 되겠다는 것이다. 나 역시 비슷한 생각을 했다. 하지만 성수기 민박이 20만~30만원이란 걸 알게 되면서 차라리 농어촌 민박 사업자를 내서 리조트형 타운하우스를 짓는 건 어떨까 싶었다.

─ᶾ 치열한 숙박 사업, 과연 내가 할 수 있을까? ᶓ─

이천에서 경험했던 원룸 임대업은 세입자를 한번 채우면 적어도 1년 이상 특별히 할 게 없지만 숙박은 전혀 다른 이야기다. 그렇다고 나에게 숙박업이 낯설지는 않았다. 나는 영국과 호주에서 2년간 셰어하우스를 운영한 경험이 있고, 강남역 근처에서 외국인을 대상으로 한 셰어하우스도 5년간 운영해보았다. 그리고 외국인 홈스테이도 약 1년을 해보았다. 짧은 기간일지라도 내가 해본 것이 많다는 것은

제주 입도로 인해 줄어든 수입을 숙박 사업으로 만회했다.

내가 할 수 있는 게 많다는 것이리라. 나는 용기를 내어 숙박 사업에 도전해보기로 결심했다.

제주도 타운하우스 25동 공동 투자

하나를 성공시키면 그다음은 쉬워진다. 뭐라도 했던 사람에게 기회가 다시 오는 법. 드디어 시세보다 싼 바다 인근 토지 정보가 나에게 들어왔다. 타운하우스를 지어서 분양하면 정말 좋은 입지라는 이야기에 곧바로 달려가 3,000평 토지를 평당 11만원에 계약했다. 부동산은 그들만의 리그가 있어서 아는 사람들끼리만 정보를 공유한다. 토지 정보를 전달한 공인중개사는 우리가 곧바로 계약할 줄 알았다며 연락을 주었다.

우리는 법인회사 소유의 토지를 급매로 매입했는데 투자 규모가 커서 자금 확보가 우선이었다. 당장 토지를 사들일 자금은 있었지만 건축까지 할 수 있는 상황은 아니었다. 하지만 간절하면 통하는 걸

타운하우스를 분양하고 일부는 직접 운영하고 있다. 제주 숙박 사업 7년 차, 안정궤도에 진입했다.

까? 그 당시 제주 타운하우스 분양 시장 분위기가 좋았는데, 토지만 매입하면 선분양으로 자금을 모아 건축까지 가능한 상황이었다.

이번엔 선분양 목표! 건축 전 과정을 블로그로 중계

토지 매입부터 시작해서 사업 계획을 위한 미팅 과정, 설계 도면, 타운하우스 건축 기획, 제주 부동산 입지, 제주 임대 시스템, 제주 개발 호재 등 토지를 매입한 후 1주일에 1~2개씩 꾸준히 블로그 포스팅을 시작했다. 다행히도 6개월 후 인근 호재가 터졌다. 그것은 바로 제주 제2공항 부지 발표로 우리 사업 부지에서 약 15분 떨어진 곳이었다. 이런 입지 효과까지 더해져 건축이 완료되기 전에 50% 가까이 선분양이 되었다.

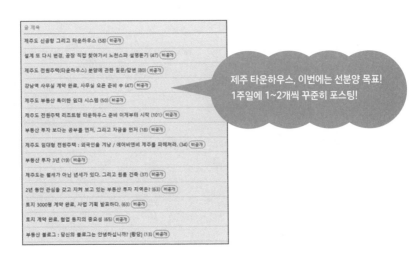

제주 타운하우스, 이번에는 선분양 목표!
1주일에 1~2개씩 꾸준히 포스팅!

나는 여기서 만족하지 않고 100% 선분양을 목표로 꾸준히 블로그에 글을 올렸다. 그리고 제주 여행을 왔다가 건축 현장을 보고 가는 분들에게 블로그 주소를 알려줬다. 공사 진행 과정은 이곳에 올리니 확인해보라는 식이었다. 그러면 대부분 블로그의 글을 확인한 후 계약하겠다며 연락을 해왔다. 이렇게 온라인으로 연락을 주고받은 후 계약 당일 얼굴을 보면 더 이상의 질문이 없었다. 왜냐하면 대부분의 질문에 대한 답이 블로그에 있었기 때문이다.

　나는 건축 과정을 있는 그대로 솔직하고 자세하게 썼다. 그리고 꾸준히 썼다. 토지 매입부터 준공까지 약 2년 동안 적어도 1주일에 1~2개는 꼭 포스팅을 했다. 내 블로그에서 콘텐츠를 소비하는 시간이 많아질수록 내 고객이 될 확률이 높아진다. 다른 곳을 다 돌아봐도 건축주가 이렇게 블로그 포스팅을 열심히 잘하는 경우는 없다. 깊이 있는 내용과 꾸준한 포스팅, 온라인으로 신뢰를 쌓는 것이 무엇보다 중요하다.

13

부동산 콘텐츠는
상위 노출이 필요 없다?

블로그는 타인과 함께 보는 일기장, 매일 쓰는 게 중요!

온라인 홍보와 마케팅 이야기를 하면 뭔가 대단하게들 생각한다. 내가 생각하는 블로그 마케팅은 나의 하루를 매일 올리는 것이다. 제주 타운하우스 건축 과정들을 올리면 사람들은 궁금한 내용을 대부분 비공개 댓글로 단다. 하지만 나는 비공개 댓글에 대한 답변을 공개적으로 올린다. 내 블로그는 나만의 투자 일기장이자, 타인과 함께 보는 것이기 때문이다. 나는 내 일기장을 모두에게 보여준다고 생각하며 블로그를 운영했다.

지나고 보면 내가 지금까지 투자를 이어올 수 있었던 것은 좋은 사람들 덕분이다. 분양 사업은 혼자서 해내기가 힘들다. 하지만 작은 돈이 모이면 큰돈이 되고 소비자 입장에서 생산자 입장으로 바뀌면 수익 창출은 쉬워진다. 리스크는 줄이고 수익을 높이려면 공동 투자가 대안이라 생각한다. 물론 사공이 많으면 배가 산으로 갈 수도 있지만 투자 판단에 있어서 오히려 안전해진다. 함께한 사람들이 각 분야의 전문가이고 의사 결정하는 과정에서 집단 지성이 발휘되어 결과적으로 혼자 결정하는 것보다 실패할 확률이 적어진다. 다만 공동투자에서는 계약서를 잘 쓰는 것이 중요하다. 이것만 제대로 하면 큰 문제는 없다.

부동산 콘텐츠는 조회수보다 핵심 타깃이 중요

우리가 지은 타운하우스는 25세대만 분양하면 되었다. 즉 100명 정도만 내 블로그 글을 꾸준히 읽고 이들 중 25명만 계약서를 쓰면 된다. 내 글을 몇천 명이 들어와서 볼 필요는 없다는 말이다. 따라서 계약서를 쓸 사람을 핵심 타깃으로 설정한 후 그들이 자주 검색하는 키워드를 분석한다. '제주 타운하우스', '제주 전원주택', '제주 세컨하우스' 등의 키워드로 들어온 사람이 내가 쓴 글만 꾸준히 읽어주면 되는 것이다.

고관여 제품 구매자에게 상위 노출은 중요하지 않다

그렇다면 키워드를 검색해서 상위 노출이 되면 모든 게 해결될까? 결론부터 말하면 그렇지만은 않다.

제주에 집을 살 사람이라면 상위 노출이 된 게시물 2~3개만 보지는 않을 것이다. 부동산처럼 비싼 고관여 제품 매수자는 수십 페이지를 넘기며 몇십 개, 몇백 개의 글을 샅샅이 찾아볼 것이다. 그런데 콘텐츠를 1개만 올린 블로그와 수십 개를 올린 블로그가 있다고 하자. 누구의 글을 더 신뢰하겠는가? 비록 상위 노출이 안 되었더라도 콘텐츠 수십 개를 정성스럽게 올린 블로그를 신뢰할 것이다.

이렇듯 부동산 분야에서는 상위 노출이 큰 변수가 아니다. 딱 한 사람만 읽어도 괜찮으니 그 사람이 제대로 여러 개 읽을 수 있도록 진정성 있게 자세히 쓰는 것이 중요하다.

여러분이 각자의 분야에서 하려는 게 있다면 생각만 하지 말고 일단 시도해보자. 그 시도는 바로 블로그에 글을 올리는 것이다. 이렇게 이야기하면 "요즘은 블로그보다 유튜브가 더 핫하다는데요?" 하며 반문하는 경우가 많다. 맞다. 글보다 영상 콘텐츠가 직관적이고 파급 효과도 크다. 하지만 영상은 제작 시도 자체가 쉽지 않다. 스마트폰으로 사진을 찍고 블로그에 글 몇 줄 쓰는 건 누구나 할 수 있다. 그러다 영상도 짧게 찍어서 블로그 중간중간 넣으면 된다. 이렇게 올린 글이 영상보다 잘 팔리는 콘텐츠가 될 수 있다.

자영업자의 꿈이 이루어지다
- 내 건물에서 내 사업을!

숙박 사업을 위해 에어비앤비 플랫폼 공부 시작

제주 타운하우스가 완공되었다. 이천에서 직영으로 건축한 원룸은 곧바로 팔았고, 빌라는 분양하느라 정 붙일 틈이 없었다. 하지만 타운하우스는 지금까지 보유하며 숙박업을 직접 운영하고 있다. 모든 자영업자의 꿈인 내 건물에서 내 사업을 시작한 것이다.

숙박 사업을 시작하자마자 요즘 손님이 어디서 숙소를 정하고 결제까지 하는지 알아봤다. 그 당시 숙소가 가장 많이 예약되는 채널은 티몬과 인터파크였고 새롭게 등장한 에어비앤비가 바짝 추격하고 있었다. 나는 상대적으로 공략이 쉽고 성장 가능성이 높은 에어비앤비 플랫폼을 공부해보기로 했다.

먼저 우리 집 방 하나를 에어비앤비에 올려놓고 어떻게 하면 숙소가 잘 선택되는지 실험해보았다. 다양한 숙소를 검색해보고 가격 정하는 방법도 익히면서 이 방이 계속 선택받을 수 있도록 노력했다. 나는 에어비앤비 플랫폼 하나만 제대로 이해하면 다른 플랫폼에서도 어렵지 않을 거라고 생각했다.

그리고 1년 후 제주 타운하우스가 완공되고 손님을 받기 시작했다. 타운하우스를 분양받지 않았지만 지속적으로 내 글을 봐준 사람들이 숙소 이용을 해주고 이용 후기도 SNS에 올려줘서 시작부터 만실 운영이 가능해졌다. 이웃들이 자주 이용하기 때문에 어떻게 하면 기분 좋은 이벤트를 제공할까 고민하다가 렌트카 무료 이벤트를 시작했고 이후 예약률이 폭발적으로 올라갔다.

제주 타운하우스 숙박 홍보 시작!
렌트카 무료 이벤트 포스팅

숙박 시설 내부 소개는
유튜브 체험단이 최고!

나는 그 후에도 에어비앤비 운영 방법을 블로그에 순차적으로 올렸다. 그랬더니 이번에도 다양한 기회를 얻을 수 있었다.

일반적으로 에어비앤비 숙소를 이용한 여행자들의 후기는 흔하게 볼 수 있다. 반면 에어비앤비 호스트의 운영기는 상대적으로 찾기가 힘들다. 아마도 호스트들이 경쟁 업체에게 운영 경험이나 노하우를 알려줘봤자 좋을 게 없다는 생각 때문일 것이다. 하지만 나는 블로그에 에어비앤비 호스트를 위한 글을 따로 올렸다.

초보자를 위한 에어비앤비 플랫폼 사용 방법과 만실 노하우, 다양한 손님 대처법 등 내가 실제로 겪으면서 배웠던 부분을 약 2년간 꾸준히 올렸다. 그러자 에어비앤비코리아 측에서 연락이 왔다. 에어비앤비 호스트를 위한 강의를 해달라는 요청이었다.

후문이지만 에어비앤비코리아 직원들은 내가 에어비앤비 관련 글을 올리면 전 직원이 공유해서 읽어본다고 했다. 그리고 글이 올라오지 않으면 왜 올라오지 않는지 직원들끼리 이야기하면서 나를 굉장히 궁금해했다고 한다. 나와는 아무 접점이 없던 그들이 어떻게 나를 알았을까? 바로 블로그다. 나는 블로그에 에어비앤비 호스트로서 내가 경험했던 노하우를 아낌없이 공유했다. 그리고 그 콘텐츠는 곧바로 강의 상품이 되었다.

에어비앤비가 급격히 대중화되면서 여러 업체에서 강의 요청이 들어왔다. 숙박 업체에서는 에어비앤비 입점부터 운영 노하우까지 원스톱으로 해결하는 1대 1 컨설팅 제안도 요청했다. 내 숙박 사업을 위해 에어비앤비 플랫폼 공부를 시작했고 이것을 블로그에 기록했을 뿐인데, 나비 효과처럼 새로운 기회가 꼬리에 꼬리를 물고 이어졌다.

> 에어비앤비 포스팅은 호스트 입장에서 올린 글이 상대적으로 적었다. 그래서 내 글이 주목을 받았다.

15

미쉘!
우리 회사 SNS 마케팅 좀 도와주세요

칼럼 기고로 시작된 숙박 회사 컨설팅

호텔, 리조트, 펜션 예약은 대부분 숙박 예약 사이트에서 한다. 숙박 예약 사이트는 에어비앤비, 네이버 예약, 부킹닷컴, 아고다, 야놀자 등이 있다. 이들 사이트의 동향을 전달하는 숙박 매거진이 있는데 나에게 정규 칼럼을 요청했다. 나는 솔직하게 그간의 경험을 칼럼에 풀어놓았다. 이 매거진의 주 독자층은 숙박 업소 사장님들이었는데 칼럼 내용 중에 온라인 플랫폼에 객실을 입점하는 내용이 인기가 있었다.

요즘은 숙박 업소 객실 정보가 숙박 플랫폼에 올라가야 매출이 발

생한다. 그런데 이걸 아예 못하는 사장님이 많았다. 보통 객실 등록은 신청부터 승인까지 길게는 3주가 걸린다. 게다가 숙박 플랫폼은 수십 개이고 막상 들어가면 메뉴도 제각각이다. 어딜 먼저 입점해야 하는지 알 수가 없고 플랫폼 기능도 각양각색이다. 상황이 이러하니 사장님들은 두 손 두 발 다 들고 나에게 찾아왔다. 자신의 객실 정보를 여러 플랫폼에 한꺼번에 올려줄 수 없느냐는 것이었다. 나는 이것도 나만의 방식으로 사업화할 수 있음을 직감했다.

당시 입점 대행을 하는 업체의 경우 플랫폼 업로딩 하나를 진행하는 데 약 100만원을 불렀다. 그러니 10개 플랫폼에 입점하려면 1,000만원 정도 들었다. 이게 끝이 아니다. 10개 플랫폼 입점이 완료되면 이걸 전체 관리하는 채널 매니저 플랫폼(모든 플랫폼과 연동이 되어 예약을 하나로 관리하는 프로그램)을 알아야 한다. 이야기만 들어도 복잡하다. 사업만 해도 시간이 모자라는 게 사장이다. 숙박업 사장님들은 플랫폼 입점부터 온라인 홍보까지 대행해줄 업체가 필요한 상황이었다.

두 번째 창직 – 숙박 업소 온라인 마케팅 대행업

마침 나도 내 숙박 업소를 마케팅하기 위하여 직원이 필요했다. 나 혼자로는 역부족이고 직원 2~3명이 필요했다. 이참에 내 사업체 홍보뿐만 아니라 숙박 업소 홍보 대행 일까지 맡아서 한다면 직원

1명은 더 채용할 수 있겠다 싶었다.

나는 광고 홍보 대행 사업을 해야겠다고 생각한 적은 없었다. 남의 사업 홍보를 대행할 거면 차라리 내 사업을 집중해서 홍보하는 게 낫지 않나? 하지만 내 사업을 홍보하는 것도 인건비가 만만치 않았다. 그래, 이 비용을 줄여보자. 2~3개 정도 회사 일만 받아서 하면 내 회사 인건비는 충분히 건질 수 있겠다는 판단이 섰다. 그래서 나는 마케팅 대행 사업자를 내고 본격적으로 숙박 온라인 마케팅 대행 사업에 돌입했다.

나는 사장님들을 만나서 다른 대행 업체에게 받은 견적서를 보여달라고 요청했다. 내가 본 견적서에는 3,000만원이 찍혀 있었다. 마케팅 대행 일을 하는 건 단순히 돈만 버는 게 목표는 아니다. 마케팅 경험을 축적하고 나 자신을 성장시키는 게 더 크다. 그래서 다른 대행 업체의 1/3 가격인 1,000만원을 불렀다. 사실 말도 안 되게 싼 비용이다. 하지만 나는 이 정도면 직원 인건비도 충당하고 내 공부를 하기에도 충분하다고 생각했다.

오른쪽의 자료는 당시 내가 사장님들에게 제안했던 숙박 홍보 대행 업무의 세부 내용이다.

나와 계약한 숙박 업소들이 홍보 비용은 싸게 나가고 매출은 증가하자 여러 군데 소개를 해주었다. 가볍게 시작한 일이 생각보다 커지자, 나와 같은 사람을 교육시키자 싶어서 아예 강의를 만들어버렸다. 그래서 지금도 임대, 숙박업 운영을 하는 사장님과 직원을 위해 숙박 홍보 플랫폼 강의를 하고 있다. 부동산 온라인 마케터에 이어 숙박업 홍보 마케터, 이렇게 나는 두 번째 창직을 하게 되었다.

○○ 숙박 업소 홍보 대행 세부 내용

▶ **숙박 플랫폼 총 15개 입점하기 (1개당 50만원)**
- 입점을 하려면 사전 담당자 콘택트가 필요
- 해당 서류를 다 정리해서 접수 후 승인 대기
  (온라인 교육 후 수료증이 나와야 승인이 나는 플랫폼도 있음)
- 사진과 정보를 넣어서 세팅하기
- 객실 5개 타입별로 프로모션 걸기

▶ **채널 매니저 예약 시스템 연동하기**
- 숙박 플랫폼 15개를 하나로 관리하는 게 채널 매니저 역할
- 채널 매니저 교육 진행

▶ **네이버 플레이스 세팅하기 + 네이버 예약 입점하기**
- 네이버 플랫폼 입점 작업 교육 진행
- 사진과 정보를 넣어서 세팅하기
- 객실 5개 타입별로 프로모션 걸기

▶ **공식 인스타그램 광고 채널 세팅 후 피드 기획하기**
- 10일간 하루 14시간 정도 작업을 하고 95% 완료
- 남은 3주간 수정하고 1달 안에 완료

총 1,000만원

16

사장은
마케터가 되어야 한다

사장이 SNS 마케팅을 알면 절대 안 망한다

창업을 하려면 밑바닥부터 시작하라는 말이 있다. 숙박업을 예로
들어보자. 한동안 내가 블로그에 올린 숙박업 관련 글을 보고서 펜션
사업을 하고 싶다며 무작정 찾아오는 사람들이 있었다. 그럴 때마다
숙박업 예약실부터 근무해보라며 돌려보낸다. 또 다른 부류는 숙박
업 홍보 마케팅을 하고 싶다고 찾아오는 사람들이다. 이들에게도 숙
박 플랫폼부터 파보라고 이야기한다. 플랫폼 공부는 무조건 다 실습
이다. 플랫폼 서비스는 지름길이 따로 없다. 그냥 내 돈 내고 많이 경
험해본 사람이 가장 잘 알게 된다.

만약 당신이 내 조언대로 숙박업 회사에 들어갔다면 시키지 않았어도 이것저것 일을 시도해보고 성과도 내보길 바란다. 그리고 잊지 말고 모든 과정을 블로그에 기록해보자. 그래서 다른 사람도 당신처럼 도전할 수 있게 도와주자.

이렇게 꾸준히 자기 분야에서 글을 올리면 누가 이거 잘한다더라 하고 알아서 소문이 난다. 결국 나만 할 수 있는 일이 생기고 자연스레 몸값이 올라간다. 돈도 저절로 모인다. 숙박업을 창업하려는 사람이라면 나중에 토지를 매입하고 건축에 도전해보자. 이런 사람이 펜션 사장이 되고 자신의 숙소를 SNS로 홍보한다면? 절대로 망하지 않을 것이다.

팔로어를 늘리는 것은 잠재 고객을 늘리는 것

한 사장님이 사업 확장을 앞두고 상담을 원했다. 온라인 밀키트 사업을 하고 있는데, 자신의 사업이 특별한 것도 아니고 그냥 좋은 제품을 싸게 공급받아서 파는 것인데 고민이 많다고 했다. 나는 무엇을 파느냐보다 어떻게 알리느냐가 중요하다고 조언했다. 밀키트는 나만 파는 상품이 아니다. 수만 개의 밀키트 중 내가 판매하는 밀키트가 선택받으려면 SNS 마케팅은 필수다. 나는 사장님이 직접 마케터가 되어야 한다고 조언했다.

만약 사내에 SNS 전담 직원을 둘 형편이 아니라면 사장이 간단한 광고 제작은 직접 할 수 있어야 한다. 마케팅 외주를 맡기든 직원을 쓰든 결국 제작비가 문제다. 콘텐츠 제작(사진 촬영, 영상 촬영) 인건비는 상당히 비싸다. 하지만 상대적으로 광고비(인스타그램, 유튜브 광고 비용)는 싸다. 우선 가장 잘 팔리는 경쟁사의 밀키트 제품을 분석하고 밀키트 콘텐츠가 어떻게 만들어졌는지 따라서 만들어보자. 인터넷 검색을 하면 다 나온다. 그걸 분석해서 똑같이 해보는 것이다. 그것이 마케팅 공부의 시작이다.

최근 네이버 쇼핑라이브는 인기가 높다. 판매자는 제품을 알릴 수 있는 기회뿐만 아니라 판매도 할 수 있다.

사장은 온라인 집만 잘 지어놓으면 된다. 온라인 집은 SNS 채널과 판매 채널을 말한다. 우리 회사 공식 인스타그램, 블로그, 카카오톡, 유튜브 채널만 잘 만들어놓으면 된다. 그런 다음 우리 제품을 이용해서 콘텐츠를 만들어줄 수 있는 체험단(사진, 영상, 글)을 모집해서 고객이 알아서 입소문을 낼 수 있도록 시스템을 구축하자.

최근 리뷰 크리에이터들을 보면 사진, 영상 촬영이 준전문가 이상은 된다. 그들이 만들어놓은 콘텐츠를 재편집해서 우리 집 즉 우리 회사 공식 계정에 다시 업로드하는 것이 사장이 할 일이다. 평소에도 내 상품을 이용해줄 리뷰 크리에이터들과 잘 협업하고 그들이 만들어놓은 콘텐츠를 재편집하는 방법을 배우고 지속 가능하게 콘텐츠를 올려 꾸준히 홍보하는 것이 바로 사장이 해야 할 마케팅이다.

결국 몇 명이 보느냐가 핵심이다. 볼 만한 콘텐츠가 많은데 조회 수가 잘 나오지 않는다면? 해당 플랫폼에 비용을 내고 광고해보는 걸 추천한다. 양질의 콘텐츠가 쌓인 상태에서 광고를 하면 내 계정에 사람들이 몰려오고 내가 만든 온라인 건물(SNS 채널)은 커질 수밖에 없다. 지금 당장 내 고객이 되지 않더라도 꾸준히 구독자, 팔로워, 이웃들이 늘어나면 잠재 고객이 늘어나는 것과 마찬가지다. 당장의 성과가 보이지 않더라도 꾸준히 콘텐츠를 쌓아보자.

SNS

디지털
노마드

독자
생존
분투기

학원 사업, 호프집 사업, 부동산 사업……
당신은 뭐 하는 사람?

이 세상에 쓸모없는 경험은 없다

학원 사업과 호프집 사업 그리고 부동산 사업까지. 나의 정체를 궁금해하는 사람들이 많다. 나도 이렇게 다양한 일을 하게 될 줄은 몰랐다. 하지만 되돌아보니 내가 한 경험들이 하나로 연결되어 있었다. 무슨 쓸모가 있겠나 싶었던 것들도 다 나중에 도움이 되었다.

학원 사업은 대학 때 강사로 일했던 경험이 밑바탕이었고, 호프집 사업도 서빙 아르바이트 경험이 일조했다. 부동산 투자는 대학 졸업반 때 호주에 건너가 셰어하우스를 운영하며 익혔다.

셰어하우스 경험은 사촌동생 둘이 어학연수를 따라오면서 시작되었다. 당시 2인 1실 월세가 50만~60만원 정도였고 3명이 지내려면 월 150만원이 필요했다. 나와 사촌동생들이 방 하나를 같이 쓰고 나머지 방은 셰어하우스로 월세를 받으면? 그러면 내 월세는 절약되고 오히려 돈이 남겠는걸? 이런 생각에 셰어하우스 운영을 시작했다.

부동산 투자 감각을 익힌 셰어하우스 경험

2년 후, 한국에 와서 영어 강사 코디네이터로 일하게 되었다. 큰 개를 데리고 살았던 미국인이 한국 집 월세가 전세로 바뀌었다며 미국으로 돌아간다고 했다.

"내가 주인과 직접 전세 계약을 해볼게. 대신 네가 나에게 월세를 주면 어때?"

내 제안에 그 미국인은 나에게 전세금을 대신 내주어서 고맙다며 시세보다 20만원 더 얹어서 월세를 줬다. 그 미국인은 내가 아무리 설명해도 한국의 전세 개념을 이해하지 못했다. 그러다 생각했다. '외국인이 집 구하기가 이렇게 어려운데 내가 한국에서 셰어하우스를 해보면 어떨까?'

한국 집주인들은 외국인 세입자를 꺼린다. 말이 통하지 않아서다. 외국인들도 불편해하는 건 마찬가지다. 우리나라는 보증금이 높은 편이고 이걸 못 돌려받을까봐 걱정하는 것이다. 2~3년 잠깐 있을

건데 세간살이 사는 것도 꺼린다. 그래서 주로 친구 집을 인수받거나 셰어하우스나 하숙집 같은 곳에 들어간다. 보증금도 필요 없고, 집기도 필요 없고, 관리비도 서로 나눠서 내니까 이들에게는 최상의 조건이다.

내가 한국에서 운영한 첫 번째 셰어하우스는 방 3개, 화장실 1개에 전세금 8,000만원짜리 강남역 빌라였다. 최종 계약 전에 온라인으로 세입자 모집 공고를 올렸더니 3일 만에 구해졌다. 전세로 얻은 빌라에서 월세로 매달 130만원씩 들어왔다.

결혼 후 셰어하우스를 정리했다가 아이들에게 영어 환경을 마련해주고 싶어서 홈스테이를 운영했다. 미국 정부에서 진행하는 프로그램이었는데 6주간 방을 제공하면 50만원 정도 받았다. 경쟁률이 3대 1이 될 정도로 치열했다. 나는 여름방학 6주, 겨울방학 6주 이렇게 1년에 2번 정도 진행을 했다. 수익이 크진 않았지만 아이들 영어 실력이 느는 게 보여서 좋았다. 결혼 전부터 영어 감각 유지를 위해 해외 1달 살기를 결심했는데 이렇게나마 외국인 친구들을 만나 갈증을 풀었다.

강남역 빌라에서 외국인 대상 셰어하우스를 운영했던 시절

'해외 1달 살기' 카페 창설, 에어비앤비코리아 강의 시작!

2013년 에어비앤비가 대중화되면서 우리나라 사람들도 부담 없이 외국에 오랫동안 나갈 수 있게 되었다. 나는 이참에 '해외 1달 살기' 카페를 만들고 셰어하우스 경험 기록과 에어비앤비 호스트 운영기를 올렸다. 그러다 몰타에서 에어비앤비를 운영하는 숙박 업소 사장님과 연락이 닿았고 내친 김에 가족들과 '해외 1달 살기'를 하게 되었다. 이 경험을 카페에 올렸더니 가입자 수가 확 늘어났다. 그러다가 제주 입도 후 본격적으로 숙박업을 시작한 다음 에어비앤비코리아에서 강의 요청이 온 것이다. 다음은 내가 했던 강의 내용이다.

| 에어비엔비 강의 내용 |

내 소유의 부동산이 없어도 임대 수익을 올리고 싶다면?

☐ 에어비앤비 호스트를 시작하게 된 이유
☐ 에어비앤비 2년간 100% 만실 운영 팁
☐ 에어비앤비에서 나는 돈 벌면서 어학연수한다.

에어비앤비 호스트를 위한 강의

해외 1달 살기 카페

이렇게 디지털 노마드가 되었다

사람들은 나에게 직업이 뭐냐고 묻는다. 누구를 만나느냐에 따라 내 직업은 바뀐다. 어떨 땐 마케팅 강사, 자영업자, 부동산 투자자, 때로는 회사에 소속된 기획자다. 이 모든 걸 통칭하는 말이 디지털 노마드˙일 것이다.

나는 SNS 덕분에 시간과 공간에 제약을 받지 않고 자유롭게 일하는 디지털 노마드로 살고 있다. 그리고 어느 누구를 만나든 SNS 하나로 이야기를 풀어낼 수 있다.

"1인 기업은 인스타그램이 기본이에요."
"자소서만 쓰기보다 유튜브로 나를 알려보는 건 어때요?"
"빵이 맛있는데 스마트스토어를 해보면 매출이 늘어날 거예요."
"풀빌라 숙박 홍보, 이런 키워드로 블로그를 써보세요."

이렇게 이야기를 풀다 보면 마음이 맞아 함께 일하기도 하고 경험치도 쌓인다. 나는 딱히 뭐가 되려고 하지 않았다. 그저 주어진 상황에서 최선을 다했을 뿐이다. 월급쟁이의 삶을 박차고 프리랜서로, 불

디지털 노마드(Digital Nomad) : 세계적 석학 자크 아탈리가 1997년 처음 소개한 신조어다. IT 기기를 활용하여 장소와 시간에 구애받지 않고 유목민처럼 자유롭게 옮겨 다니며 일하는 사람을 말한다.

안정한 자영업자에서 벗어나 자산가로 변신했다. 이 과정을 블로그에 기록해왔는데 한고비 넘겼다 싶으면 신기하게도 강의 요청이 들어왔다.

　나는 SNS가 나를 성장시켰다고 생각한다. 그래서 아침이 되면 인스타그램에 나의 하루를 알리고, 내 머릿속에 있는 정보나 활동을 틈틈이 블로그에 올린다. 때로는 하루에도 몇 개씩 강의 영상을 찍어 유튜브에 올린다. 온라인 플랫폼은 지금도 계속 업그레이드되기에 나는 매일 공부하며 실습한다. 나에게 SNS는 인생의 낭비가 아니다. SNS는 나에게 일과 기회를 주었다.

인스타그램에 하루 일과, 정보 등을 올린다. 최근에는
릴스(인스타그램용 짧은 영상)도 꾸준히 올린다.

차라리 한 가지 사업을 확장하지 그래요?

사업과 직업은 다른 길

사업을 크게 하는 대표님들을 만나면 이런 이야기를 종종 듣는다. 펜션 사업을 확장하거나, 교육 사업을 확장하거나, SNS 마케팅 회사나 여행 플랫폼 회사를 만들라는 이야기 말이다. 왜 몸집을 키우지 않느냐는 거다. 나는 삶의 우선순위가 두 아이의 엄마로서 가족들과 많은 시간을 보내는 것이다. 그리고 매순간 하고 싶은 일을 마음껏 할 수 있는 시간과 환경을 갖는 것이 내 인생의 목표이자 성공이라 생각한다.

사업은 희생이 기본, 내 삶에 집중하기로 결심했다

사업을 키우고 성장시키려면 나와 가족의 희생은 기본이다. 결론부터 말하면 나는 사업에 올인해서 내 삶의 가치를 희생하고 싶지 않다. 사업이 주는 보람과 가치도 크다. 하지만 나는 아이들 등하교 라이딩하는 것과 간식을 준비해주는 게 좋다. 저녁 시간에는 가족 모두 모여서 밥을 먹고 주말마다 캠핑 다니는 것에 행복을 느낀다. 매년 해외 살기를 할 수 있는 정신적, 시간적 여유가 있음에 감사하다. 하지만 사업을 확장하면 이 모든 게 가능할까? 어느 한쪽을 포기해야 하지 않을까?

나는 몇 년간 고민을 계속하다가 최종 결론을 내렸다. 사업을 키우기보다는 가족과 함께하기로 결심했다. 그리고 다양한 일을 경험하며 나만이 할 수 있는 일을 찾아서 역량을 높이는 게 내 인생의 가치라고 판단했다. 그래서 나는 지금의 회사가 최소의 직원으로 굴러갈 수 있도록 시스템을 재정비했다. 그리고 디지털 노마드로서 일과 시간의 균형을 잃지 않고 살아가기 위해 노력하고 있다. 지금의 이 모습은 20년 전 내가 목표했던 삶과 비슷하다.

18

디지털 노마드,
진짜 4시간만 일하나요?

✦ 초심자가 4시간 일하고 살아남을 수 있을까? ✦

디지털 노마드는 하루 4시간만 일하면 된다고? 자유롭게 살고 싶어서 회사를 나오고 싶다고? 물론 어느 정도 전문성이 확보되거나 온라인 비즈니스 모델이 갖춰지면 그럴 수 있다. 하지만 후발 주자로서 선발 주자를 따라잡으려면 초반에는 3~4시간만 자고 나머지 시간은 일에 쏟아붓는 게 맞다. 그게 세상의 이치 아닐까?

디지털 노마드의 또 다른 이름은 프리랜서다. 냉혹한 시장에서 독자 생존하려면 스스로 경쟁력을 높여야 한다. 사실 나만 해도 사람답게(?) 산 지 얼마 되지 않았다. 10년이면 강산도 변한다던데 온라인 마케팅 일을 시작한 지 10년 만에 겨우 삶이 편안해졌다. 혹시 지금 힘든 분이 있다면? 조금만 더 버텨보길 바란다. 하루 4시간만 일해도 여러 곳에서 불러주는 사람이 되려면 시간과 노력이 필요하다.

하루 8시간 일하기 루틴 유지, 수면 시간 확보 최우선!

"미쉘님, 시간 관리 어떻게 하시나요?" 강의를 하다 보면 디지털 노마드는 어떻게 시간 관리를 하느냐는 질문을 종종 받는다. 나는 하던 일이 익숙해지면 일의 양을 30% 늘려본다. 디지털 노마드는 회사에서 성과 관리를 해주지 않는다. 내가 알아서 성장해야 한다. 나는 이때다 생각되면 일을 늘리고 난이도를 높인다. 그래야 일하는 방식도 효율적으로 바뀌고 시간 관리 능력도 생긴다.

그 대신 하루 8시간 이상은 절대 일하지 않는다. 여기서 일은 말 그대로 수익 창출을 목적으로 노동하는 것을 의미한다. 실제로 일을 더 하고 싶어도 그 시간이 한계치다. 타이핑도 느려지고 아이디어도 막힌다. 대신 남는 시간에는 책을 읽거나 온라인 강의를 듣는 등 공부를 한다. 남들이 보기엔 공부도 일이라고 생각할 수 있겠지만 나는 좋아서 하는 것들이다.

나는 업무 효율성을 위해 오전 8시부터 오후 1시까지 5시간 동안 그날 할 일을 몰아서 한다. 우리 아이들 등교 시간은 7시 40분이다.

차로 등교를 시키고 8시에 카페로 출근을 해서 점심 시간까지 일을 한다. 바쁜 일정이 없으면 아이들이 오기 전까지 집에서 음악도 듣고, 낮잠도 자고, 영화도 보며 시간을 보낸다. 엄마들 모임도 이 시간대에 한다. 아이들이 오기 전까지 자유 시간이다.

아이들이 하교하면 저녁을 먹는 시간까지는 온전히 가족과 함께 시간을 보낸다. 그러다 밤 9시가 되면 업무를 재개한다. 밤 9시 이후는 줌으로 강의를 하거나, 마케터들과 회의를 한다. 줌 미팅이 없으면 기획안을 작성하는 업무를 주로 한다. 이렇게 하루 중 일하는 시간은 오전 5시간과 오후 3시간 해서 총 8시간을 루틴으로 유지하고 있다.

10년 차 디지털 노마드의 하루 8시간 업무 시간표

시간		하는 일
오전	8:00	기상
	9:00	
	10:00	
	11:00	오전 근무(5시간)
오후	12:00	
	13:00	
	14:00	
	15:00	자유 시간
	16:00	(학부모 모임, 휴식 등)
	17:00	
	18:00	
	19:00	저녁 시간(가족과 함께)
	20:00	
	21:00	
	22:00	오후 근무(밤, 3시간)
	23:00	
	24:00	
오전	1:00	
	2:00	
	3:00	취침
	4:00	
	5:00	
	6:00	
	7:00	

8시 업무 시작, 13시 업무 끝!

21시 업무 시작, 24시 업무 끝!

나는 내 시간이 비싸다고 생각한다. 아니 내 시간을 가장 비싸게 만들어야 한다. 나는 지금 가사 도우미의 도움을 받고 있다. 아이들이 어느 정도 자라서 육아 시간은 줄어들었지만 집안일 도움이 필요해서다. 이렇게 해서 하루 3~4시간을 추가로 확보할 수 있다.

좋아하는 일을 하면 해결 방법을 찾게 된다

나는 평상시에는 제주에서 여유 있게 지내는 편이다. 그러다 1달에 한 번 이상 서울 출장을 가면 시간을 촘촘하게 쓴다. 비행기를 타면 왕복 1~2시간 정도를 확보해서 노트북을 켜고 일을 몰아서 한다. 그리고 지하철이나 버스 대신 택시로 이동을 한다. 택시를 타고 가는 1시간도 나에게는 일하는 시간이다. 노트북을 켜고 작업을 하거나, 그 전에 마무리하지 못했던 일을 이동하는 택시에서 한다. 서울에 가느라 건너뛴 미팅이나, 하지 못한 업무상 카톡 답변 등의 일을 처리한다. 이게 내 시간 관리 비결이라면 비결이다. 카톡으로 업무를 주고받다 보면 문자는 전달력이 좀 떨어질 때도 있는데, 이럴 땐 음성 녹음을 해서 피드백을 주기도 한다. 내가 하는 일은 정확한 커뮤니케이션이 중요하다. 그렇기 때문에 음성으로 자세히 설명을 하는 편이다.

내가 일할 때마다 떠올리는 말이 있다. '좋아하는 일에는 방법을 찾게 되고, 싫어하는 일에는 변명을 하게 된다'는 말이다. 누구나 의지가 있고 하고자 하는 마음이 있다면 얼마든지 방법을 구해서 하게 된다. 시간 관리도 마찬가지다.

서울과 제주를 오가는 비행기 안에서 일하는 시간이 집중도가 높다.

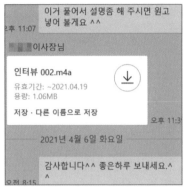

클라이언트들과 업무 이야기를 할 때 음성 녹음을 최대한 활용한다.

디지털 노마드의 특전
- 해외 1달 살기!

디지털 노마드는 언제든 떠날 수 있다

디지털 노마드가 좋은 건 매년 해외 살기를 할 수 있다는 것이다. 처음엔 1달 살기로 시작했다가 지금은 3달 살기에 도전한다. 내가 하는 일은 한국에 있든 해외에 있든 상관이 없다. 해외에 나가더라도 일을 계속할 수 있기 때문에 비용 면에서도 부담이 되지 않는다.

올해는 아이들 여름방학 2달간 유럽 11개국을 갈 것이다. 겨울방학 1달 정도는 따뜻한 동남아 지역으로 가거나 스키를 타러 강원도에 갈 계획이다. 누가 보면 내가 돈이 많은 줄 안다. 돈이 많아서 해외에 가는 게 아니라 돈을 벌어야 해서 해외에 가는 것이다.

나는 지금까지 30개국 이상을 가봤고, 우리 아이들은 26개국 정도 함께 여행을 했다. 예전에 버킷 리스트에 가고 싶은 나라를 주욱 적어본 적이 있는데 그때 적었던 나라들이 하나둘씩 지워지는 것도 참 서운한 일이다. 머지않아 해외로 가라고 해도 가고 싶지 않을 때가 올 것이다. 3년? 5년 안에? 나이가 들어갈수록 가고 싶은 욕심과 의지가 없어질 수도 있다. 그리고 무엇보다 체력이 점점 떨어지는 걸 느낀다. 그래서 하고 싶을 때, 갖고 싶을 때, 원할 때 하는 것이 진짜 삶의 승리자라고 생각한다. 그리고 나름 그렇게 살아온 듯하다.

'해외에서 일하며 놀아요' – 자금 마련 프로젝트

나의 메인 사업은 남편과 함께하는 부동산 숙박 사업과 교육 사업이다. 그 외 수많은 비정기 프로젝트를 비대면으로 진행하고 있다.

코로나19가 터지기 전에는 뉴질랜드, 호주, 하와이, 몰타, 유럽 등 매년 해외 1달 살기를 했지만 거의 2년간 가지 못했다. 대신 일은 참 많이 했다. 코로나19 이후 정부 지원 청년 디지털 일자리 사업 참여로 바쁘게 지냈다. 그동안 해외에 나가지 못했고 여행 비용이 축적되었기에 작년 여름방학에는 미국 2달 살기를 할 수 있었다.

해외 여행의 끝은 또 다른 여행의 시작이다. 우리 가족은 비행기 표를 마일리지로 해결하는데 미국 2달 살기가 끝나자마자 2023년

유럽 2달 살기 항공권을 미리 예약했다. 이렇게 하면 항공권 금액을 조금 저렴하게 살 수 있고 남은 10개월을 매일 여행하는 기분으로 살 수 있다.

이번에 미국에 갈 때는 아이들 캠프 등록부터 했다. 계산을 해보니 한국 학원비보다 미국 캠프 비용이 훨씬 더 저렴했다. 무엇보다 원어민들과 영어로 대화하는 시간이 많아서 만족스러웠다.

여행에 들어가는 비용은 크게 생활비, 여행 경비, 숙박비로 나뉜다. 나는 가장 비싼 항목인 숙박비를 계산한 다음 이 비용만큼 돈을 벌 수 있는 수익 모델을 따로 만든다. 내가 얼마를 버느냐에 따라서 숙박 퀄리티가 달라진다. 일을 열심히 해서 생각보다 수익이 많다 싶으면 숙소를 좋은 곳으로 잡고, 생각보다 수익이 적으면 조금 저렴한 곳으로 잡는다.

그 밖의 생활비와 여행 경비는 미국에서 일하며 충당을 했다. 나는 미국에 가서도 고정적으로 6시간씩 일을 했다. 할 수밖에 없기 때문이다. 해외에 간다고 한국에서 하던 일을 끊고 가면 더 이상 나에게 일이 들어오지 않는다. 내가 하는 일은 노트북만 있으면 어디서든 가능하다. 미국처럼 시차가 큰 곳에서 줌 미팅을 해야 하는 경우에는 미국 시간으로 새벽 5시, 한국 시간으로 밤 10시에 진행이 된다. 이 점은 미리 양해를 구한다.

미국에서 일하는 시간은 새벽 2시간, 낮 2시간, 저녁 2시간 총 6시간으로 잡았다. 새벽에 일찍 일어나면 2시간 정도 시간이 나고 아이

들을 캠프에 보내고 나면 인근 카페에서 2시간 일하는 시간이 확보
된다. 밤에는 저녁 식사 후 밤 9시에서 11시까지 약 2시간 정도 일을
한다. 이렇게 매일 6시간 정도 일하면 여행 경비와 생활비 정도는 충
당이 된다.

코로나19 이후 2달 동안 머문 미국

놀러 다니는 게 투자!

솔직히 말하면 나는 여기저기 여행 다니는 걸 좋아하지 않는다.
미국에 가서도 어디 틀어박혀 글을 쓰거나, 콘텐츠를 만들거나, 플랫
폼 만지는 걸 좋아한다. 미국까지 가서 왜 카페에서 일만 하느냐고
할 수도 있겠지만 나는 여행하는 걸 좋아하는 게 아니라 일상을 여행
처럼 사는 걸 좋아한다. 한국을 떠나 해외에 있다고 해서 나의 루틴
이 크게 변하지는 않는다. 한국에서 열심히 일하다 보면 어느 순간

머릿속이 꽉 차서 일이 진척이 안 된다. 그럴 때 해외로 떠나면 여백이 생기고 생각도 정리가 된다.

새로운 공간에서 새로운 사람들을 만나 새로운 경험을 하면 아이디어가 많아진다. 나 같은 경우, 여행을 가더라도 어디에서 누구를 만나든 다 비즈니스로 연결이 된다. 미국 숙박 관련 콘텐츠를 올렸더니 200명 이상이 예약을 해서 해당 게스트 하우스 홍보를 맡은 적이 있다. 그리고 최악의 에어비앤비를 경험하다가 미국 수익형 부동산을 알게 되면서 이때 만난 부동산 플랫폼과 협업을 하게 되었다. 또 미국에서 이용했던 여행사 대표님과의 인연으로 광고 홍보 컨설팅을 맡았다가 지금은 콘텐츠 제작하는 일까지 연결되었다.

매년 해외 살기는 열심히 뛰었던 나에게 주는 선물이다. 비우기 위해서 떠나고 새로운 것을 채워서 한국으로 돌아온다. 열심히 달리면 어느 순간 지친다. 이럴 땐 나 자신에게 여유를 선물해줘야 하는데 그게 나에겐 해외 살기다.

미국 2달 살기를 하면서
게스트 하우스 홍보를 진행했다.

나에게 1년은 12개월이 아닌 9개월!

남들은 1년이 12개월이지만 난 9개월이다. 남은 3개월은? 오로지 나를 위한 시간이다. 가고 싶은 곳에 가고, 하고 싶은 것을 마음대로 할 수 있는 3개월이다. 어제와 같은 오늘을 사는데 내일이라고 내 삶이 달라질까? 그러니 지금 당장 다르게 살아야 한다. 그래서 나는 해외 살기를 한다.

매일 새로운 생각을 하고 새로운 도전을 하며 새로운 환경에서 새로운 하루를 보내고 설렘을 갖는 것이 내가 사는 이유이자 가치다. 그 시간을 가장 소중한 가족과 보내고 있다. 나는 힘들 때마다 상상한다. 해외 살기를 하면서 우리 가족이 행복한 시간을 보내는 상상을⋯⋯. 그러다 보면 힘든 시간을 버틸 수 있다.

물론 미친 듯이 달릴 때도 있다. 그런데 멈출 때도 있어야 한다. 멈춘 상태에서 다음 9개월은 어떻게 달릴 것인가? 이걸 생각하는 시간과 여유가 나에게 필요하다. 그래야 제대로 방향을 잡고 열심히 달릴 수 있으니까.

오늘은 무슨 생각을 하면서 달리고 있나? 그리고 앞으로는 무슨 생각을 하면서 달릴 것인가? 나를 위해 생각할 시간 30분과 커피 한 잔이 놓여 있다. 오늘 하루도 잘살기 위해 딱 30분 생각할 시간을 나에게 선물한다.

누구나 디지털 노마드가 될 수 있다

온라인에서는 새로운 직업이 쏟아지고 있다

"디지털 노마드가 되고 싶어요. 영상부터 배워야 하나요?"

"가게를 정리하고 디지털 노마드로 일하려는데요, 어떤 일부터 하면 좋을까요?"

요즘 이런 질문을 자주 받는다. 그때마다 굉장히 막막하다. 마치 졸업 준비생이 '저 이제 취업해야 하는데요, 어느 쪽으로 취업을 해야 할까요?'라고 질문하는 것과 비슷하다. 그동안 했던 활동도 있을 테고, 전공도 있을 테고 관심 분야도 있을 텐데, 갑자기 진로에 대해 물어보면 어떤 답을 해줘야 할까?

나에게 질문한 사람은 얼마나 답답할까? 그걸 몰라서 나에게 묻는 것이 아니겠는가? 하지만 답은 각자 스스로 찾아야 한다. 오히려 이렇게 되묻고 싶다.

"온라인, 인터넷, 디지털로 어떤 일을 할 수 있으세요? 혹시 그와 관련된 일을 해보셨나요?"

내가 말해줄 수 있는 것은 단 하나, 온라인 세계의 일은 무궁무진하고 일할 사람은 언제나 모자라다는 것이다.

블로그로 나라는 존재를 1,000명이 안다면?

지금 당장 온라인에서 뭘 해야 할지 모르겠다면 블로그부터 시작해보자. 죽이 되든 밥이 되든 딱 30일만 글을 써보는 것이다. 나 역시 처음엔 막막했다. 애들을 재우고 밤 10시가 되면 24시간 카페에 가서 블로그에 글을 올리고 집에 오면 새벽 2~3시였다. '내가 이게 뭐 하는 짓일까?'라고 생각했다가 '나와의 약속도 못 지키는데 누구와 약속을 지키겠어?' 하고 마음을 고쳐먹고는 30일 동안 블로그에 글을 올렸다. 그러다 보니 이웃이 하나둘 늘었다.

블로그 하루 방문자 1,000명, 그중 3%만 나의 진실한 이웃이 된다면?* 30명의 이웃이 남을 것이다. 이들은 내 글을 보고 이 사람 누구지? 이 사람에 대해 더 알고 싶다는 마음이 들 것이다. 매일 진실한 이웃 30명을 만나고 1달에 1,000명까지 확장한다면? 1년이면 1만 2,000명의 이웃을 만들 수 있지 않을까? 그렇다면 블로그에 어떤 글을 써야 할까? 내가 생각하는 건 단 하나다. 바로 '진정성'. 내가 진정성 있게 글을 쓰고 다가가면 이웃들도 나를 그렇게 봐 준다.

콘텐츠가 쌓이면 돈이 된다!

블로그에 글을 쓰면 생각보다 많은 일이 일어난다. 승무원 영어 강의를 했던 시절, 블로그로 학생 수 3명에서 300명까지 오프라인 교육생을 늘리는 데 6개월도 안 걸렸다. 블로그에 올린 글만 보고 에어비앤비코리아와 이베이코리아에서 강의 요청이 왔다. 지금은 공인중개사협회에서도 강의를 한다. 지자체와 기업에서도 내 블로그 글을 보고 강의 요청을 한다. 강의 후 블로그에 글을 올리면 그 강의를 들을 수 없느냐면서 또 다른 요청이 들어온다.

"저희 가게가 강남 백화점에 직영으로 입점하는데요, 혹시 온라인

여기서 3%라고 지정한 이유는, 네이버 키워드 광고 시 구매 전환율이 보통 3%이기 때문이다.

마케팅을 해주실 수 없나요?"

"강남역에 있는 건물 관리 회사인데요, 직원이 10명이에요. 부동산 강의 가능하신가요?"

"제주에 독채 펜션을 오픈하는데요, 홍보 컨설팅이 가능할까요?"

"이번에 제주에 77세대 원룸을 지었는데요, 분양 홍보와 연세, 전세 세입자를 채워주실 수 있을까요?"

당신이니까, 미셸이니까 가능하다고? 아니다. 앞에서 이야기했듯이 나는 아무것도 몰랐다. 그저 블로그에 내가 지금까지 했던 경험, 과정, 노하우를 올렸고 검색 결과에 내 글이 노출되었을 뿐이다. 나는 유명한 사람이 아니다. 다른 점이 있다면 매일 꾸준히 블로그에 글을 올린 것뿐이다.

당신은 SNS 채널이 있는 사람인가요?

블로그 글쓰기는 너무나 쉽다. 학교 다닐 때 썼던 일기를 블로그에 쓰면 된다. 그런데 그 일기가 읽을 만하네! 무언가 얻을 만하네! 그러면 자꾸 더 보고 싶을 것이다. 사람들이 보고 싶은 일기를 블로그에 쓴다고 생각을 하면 된다.

사람들은 미셸이란 사람 자체에 관심이 있는 것이 아니라 블로그를 운영하는 미쉘에게 관심이 있다. 블로그 채널을 갖고 있는 나와 블로그 채널이 없는 나를 떠올려보자. 기회 자체가 달라지고 결과도 달라진다. 하루 3시간을 콘텐츠 만드는 데 투자하고 다양한 기회를 얻을 수 있다면 이것이야말로 대박이다. 나는 SNS 덕분에 어디에 기대지 않고도 나 자신을 평생 고용할 수 있다. 돈도 들지 않고 아쉬운 소리를 할 필요가 없다. 이런 신세계가 어디 있겠는가?

나는 50~60대 분들도 블로그나 인스타그램을 잘할 수 있다고 생각한다. 실제로 잘하는 사람들도 많다. 그분들은 삶의 경험이 풍부하다. 경험은 돈 주고도 한다고 하지 않던가? SNS를 활용하면 그간의 경험들을 충분히 상품화할 수 있다. 정년이 없는 디지털 노마드로 살아갈 수 있는 것이다.

블로그를 운영하는 미쉘	VS	블로그를 운영하지 않는 미쉘

디지털 노마드로 살려면 **1**
블로그 글쓰기부터!

─⟩ 일기도 안 쓰던 내가 블로그 원고 작가? ⟨─

디지털 노마드로 살아가려면 엉덩이와의 싸움이 필수다. 처음 시작하는 사람은 노트북을 켜고 3시간 동안 앉아 있는 연습부터 해보자. 이 3시간 동안 앉아서 글을 써보는 것이다. "지금까지 일기조차 쓴 적이 없는데?" 하고 반문할 수도 있다. 그래서 대부분 여기서 포기를 한다.

'좋은 글을 써야지' 하는 순간 1~2줄 쓰고 그만둔다. 뭘 써야 할지도 모르겠고, 앉아 있는 것 자체가 힘들다. 그럴 땐 학교 때 일기 썼던 추억을 떠올려보자. 내가 매일 열심히 살아온 순간을 사진과 영상, 글로 기록하고 10년, 20년 그리고 30년이 지나 나의 과거를 소환하는 글을 쓰는 것이다. 오늘 내가 어떻게 지냈는지 즉 나의 하루, 나의 생각, 나의 고민, 내가 가고 싶은 곳, 내가 읽은 책, 내가 읽은 신문 기사를 떠올리며 꾸준히 써보자.

노트북 앞에 앉아서 3시간 동안 글 쓰는 게 힘들지 않을 때까지 매일 해야 한다. '어라, 쉽게 느껴지네?' 싶으면 다음 단계로 넘어가면 된다. 하지만 여전히 3시간 동안 노트북 앞에 앉아 있는 훈련을 하지 못하면 그 어떤 일도 할 수가 없다.

블로그 글쓰기 3-3-3 법칙

하루 3시간 정도 노트북을 켜고 앉아 있는 게 쉬워진다면 그다음은 성과를 내는 글쓰기를 해야 한다.

나는 블로그 글쓰기를 결심한 후 카페에 출근해서 3시간 동안 노트북을 켜고 포스팅을 시작했다. 처음엔 머리를 쥐어뜯고 싶었다. 하지만 죽이 되든 밥이 되든 매일 A4 용지 3페이지 분량으로 써내려갔다. 그리고 3시간이 지나면 무조건 노트북을 끄고 카페를 나왔다.

뭔가 잘 써야 한다는 생각을 하면 글이 잘 써지지 않는다. 그럴 때는 먼저 집으로 돌아와서 머리를 좀 식힌 후 노트북을 열어서 글을 수정한다. 밥을 먹고 설거지를 한 후 또다시 글을 수정한다. 마지막으로 잠자기 전 수정을 해서 블로그에 업로드를 하면 글 1편이 완성된다.

나는 매일 3시간 동안 3페이지를 쓰고 3번 수정하는 글쓰기 3-3-3 법칙을 만들었다. 이렇게 30일을 썼더니 책 1권 분량이 나왔다. 이 방법이 나름 효과적이어서 다른 사람들과 함께 글을 쓰는 '블로그 글쓰기 30일 챌린지'를 하고 있다. 나는 습관의 힘을 믿는다. 처음엔 어렵다가도 30일간 꾸준히 하면 글 쓰는 게 쉬워진다. 그리고 나중엔 알아서 몸이 반응을 한다.

이렇게 쓴 글을 블로그에 올리면 다양한 곳에서 연락이 온다. 당장 연락이 안 온다고 포기할 필요는 없다. 요즘은 1인 출판이 대세다. 네이버나 크몽에서 나만의 콘텐츠를 전자책으로 내고 수익화할 수 있다. 의지만 있다면 이렇게 포트폴리오 하나를 완성할 수 있다.

블로그의 글이 책이 되고 정기적으로 인세 정산을 받는다.

글 쓰는 사람에 대한 신뢰가 결국 수익으로 연결

블로그 글쓰기를 루틴화하면 어떤 일이 생길까? 무엇보다 내 삶이 정리가 된다. 중요한 것과 중요하지 않은 것으로 나뉘고 무엇에 집중할지 명확해진다. 내 삶은 곧 내 사업이므로 SNS가 알아서 홍보해준다. 열심히 사는 내가 알려지면 사람들은 나에 대해 신뢰를 하고 내가 하는 일을 궁금해하기 시작한다.

'저렇게 열심히 하는데 저 사람이 운영하는 리조트에 가볼까?'
'성심성의껏 음식을 만드는데 저 사람이 만든 음식을 먹어볼까?'
'저 사람이 가르치는 영어 수업을 한번 들어볼까?'
'블로그 글쓰기 30일 챌린지도 함께하면 재미있을 것 같은데?'

나는 진실된 모습 그대로 기록하는 게 가장 효과적인 SNS 마케팅이라 생각한다. 내 주변에 SNS를 열심히 하는 사장님들은 대부분 시간을 쪼개서 자신을 알리고 사업을 홍보한다. 이렇게 사업하면 성공할 수밖에 없다.

블로그 글쓰기가 부담스럽다면 인스타그램으로 시작!

블로그 글쓰기 3-3-3 법칙을 따라 하는 게 너무 버겁다면 인스타그램으로 시작해보자. 사진 몇 장만 올리면 끝이므로 부담이 덜할 것이다.

나는 요즘 아침 5시에 일어나서 인스타그램에 사진 1장을 올리고 무엇을 하며 어떻게 보낼지 간단히 글로 적는다. 오늘 할 일을 떠올리는 시간이다. 출근을 하고 일상 속 일들을 사진과 영상으로 인스타그램에 올린다. 모두 합쳐서 5분도 걸리지 않는다. 마지막으로 잠자기 전에 스마트폰을 열어본다. 오늘 하루를 어떻게 보냈는지, 무엇을 하면서 하루를 보냈는지 사진과 글로 기록하며 마무리한다.

인스타그램은 누구나 쉽게 시작할 수 있고 사진과 영상 콘텐츠를 만드는 훈련을 할 수 있어서 초보자에게 추천한다.

SNS 초보자에게 권하는 인스타그램, 30일 과정을 함께하다 보면 콘텐츠 만드는 법에 대해 감을 잡을 수 있다.

디지털 노마드로 살려면 ❷
나만의 아이디어 만들기

처음엔 따라 하기, 나중엔 창의적으로!

나는 별별 경험을 다 해봤다. 그러다 보니 나만이 할 수 있는 일이 생겼다. 흔하디흔한 호프집과 숙박업을 하고 있지만, 자세히 살펴보면 다른 곳에서 제공하지 않는 서비스나 나만 할 수 있는 지점이 접목되어 있다. 물론 처음부터 '반드시 틈새를 공략할 거야' 하며 결심하고 시작한 건 아니다. 사람은 누구나 자신만의 독특한 경험이 있다. 이 경험을 차별화해야 수익으로 연결된다.

나는 선천적으로 아이디어가 많거나, 창의적인 사람이 아니다. 우리 집 아이들도 그렇게 교육하는 편이 아니다. 아이가 그림을 잘 그리고 싶다면 "우선 유튜브 보고 이 사람처럼 똑같이 그려봐"라고 말한다. 그러면 아이는 진짜 똑같이 그린다. 그림을 똑같이 그리면 응용도 가능하다. 창의력은 저절로 생기지 않는다. 처음부터 나만이 할 수 있는 일이란 없다. 우선 내가 닮고 싶은 것부터 찾는 게 중요하다. 그러다 보면 내 그림을 그릴 수 있게 된다.

최근 카드 뉴스로 홍보할 아이템이 있었다. 함께하는 직원에게 카드 뉴스를 잘 만든 사례를 보여주고 참고해보라고 했다. 홍보를 잘하는 계정은 팔로우를 하고 좋아요와 댓글이 많은 피드를 참고하다 보면 나름의 인사이트가 생긴다.

정말 아무것도 모른다면 우선 따라 하고 싶은 콘텐츠를 최대한 똑같이 만들어보자. 똑같이 만들 수 있을 때까지 실력을 높인 후에 자신만의 것을 생각해본다. 여기서 어떻게 바꾸면 좋을까? 우리 기획 30%만 넣어서 조금 바꿔볼까? 이런 식으로 시도하다 보면 어느 순간 창의력이 생긴다. 결국 많은 시간을 투자해서 콘텐츠를 제작해본 사람만이 차별화된 콘텐츠도 잘 만들 수 있다.

⟶ 아이디어는 기록해야 발전한다 ⟵

나는 잘나가는 제품, 서비스를 이용해보고 이 사업을 만약에 내가 한다면 어떻게 할지 계속 생각해본다. 옆에 있는 사람들에게 물어보고 나라면 이렇게 할 거라고 말한다. 이것들 중 하나만 실행에 옮기면 경험치가 올라간다.

"그게 가능해?", "그게 되겠어?", "그게 돈이 된다고 생각해?" 내가 아이디어랍시고 말만 하면 다들 비웃었다. 결혼 전 영어 카페를 차린다고 했을 때도 주변 사람들이 다들 뜯어말렸다.

"한국인들만 모여서 영어 공부한다는 게 가능해? 원어민이 있는 학원으로 가겠지." 하지만 나는 그 사업을 10년 넘게 성공적으로 했다.

"승무원이 아닌 네가 승무원 영어 강의를 어떻게 해?" 하지만 나는 이 분야에서 미쉘을 모르면 간첩이란 이야기를 듣게 되었다. 실제로 승무원 영어 면접을 가면 파란색 표지의 내 책이 없는 학생이 없었고 면접관도 이 책 누가 만들었느냐며 만나고 싶다는 이야기를 했다고 한다.

"건물을 블로그로 매매한다는 게 가능해?" 나는 실제로 19세대가 있는 건물을 블로그로 직거래했다. 그 경험 덕분에 부동산 전문가들과의 미팅이 들어왔고 다양한 투자를 경험하게 되었다.

내가 낸 아이디어를 남들은 인정하지 않았다. 어쩌면 아이디어 자체는 별로 중요한 게 아닐 수도 있다. 누가 기획하고 실행하느냐가 더 중요할 것이다. 나는 남들이 이미 잘하는 것은 1차로 거른다. '이미 남들이 잘하고 있는데 굳이 나까지 해? 나는 그 사람처럼 잘할 자신이 없어!' 이렇게 생각하기 때문이다.

나는 콘텐츠 제작 과정을 모두 블로그, 인스타그램, 유튜브에 기록했다. 기록조차 하지 않았다면 내 아이디어는 발전하지 못했을 것이다. 그리고 아이디어는 반드시 '내돈내산' 소비를 해야 더 많은 아이디어를 얻을 수 있다고 생각한다. 나는 소비욕이 없는 남편에게 뭔가를 살 때 이렇게 설득한다.

"소비가 공부지! 돈 쓰는 게 공부야! 학교 다닐 때도 돈 쓰면서 배우잖아. 나는 돈 쓰면서 사업을 공부하는 중이야."

> 새로운 아이디어는 연약하다.
> 비웃음이나 하품을 받으면 쉽게 죽어버린다.
> 놀림을 받으면 칼에 찔린 것처럼 죽고,
> 찡그린 얼굴에는 너무 걱정돼서 죽어버린다.
>
> - 찰스 브로워 -

23

디지털 노마드로 살려면 ❸
포트폴리오 만들기

⟍ 기회를 기다리지만 말고 찾을 것 ⟋

제주에서 부동산 박람회를 한 적이 있다. 부동산에 관심이 많은
터라 이것저것 구경하고 있었는데 한 업체가 눈에 띄었다. 몇 마디
대화를 주고받다가 "혹시 하는 일이 어떤 일이세요?"라는 질문을 받
았다. 순간 고민을 했다. 하는 일이 많다 보니 만나는 사람에 따라 내
직업이 달라지기 때문이다. "부동산 홍보 마케팅과 컨설팅을 하고,
강의도 합니다"라고 답했다. 그랬더니 나에게 명함을 내밀었다. 그
분은 제주 공인중개사협회장이었고 공인중개사를 위한 마케팅 교육
이 필요하다고 했다. 그래서 내가 물었다.

"대표님 회사가 어디세요?"

"직원이 몇 명이에요?"

"괜찮으시면 제가 가서 그냥 강의 한번 해드릴까요?"

강의 일정을 잡고 약속한 날에 사무실을 가보니 나와 만난 회장님은 토지 계약을 하러 나가고 없었다. 회의실에는 직원 3명만 내 강의를 기다리고 있었다. 이 강의를 하겠다고 한 건 회장님에게 나를 PR 하고 싶었기 때문이지 직원들 교육을 하고 싶은 건 아니었다. 순간 고민이 되었다.

'다른 날을 잡아서 다시 올까?'

'이왕 온 거 강의를 하고 갈까?'

하지만 약속한 일정이니 2시간 동안 목이 터져라 열심히 강의를 했다. 마음 한편이 허탈해서 터덜터덜 집으로 돌아갔지만 말이다.

4시간 후 회장님에게서 전화가 왔다. 계약 건이 있어서 죄송했다며 직원들이 그 어떤 강의보다 최고의 강의라며 칭찬했는데 제주 공인중개사협회에 소속된 70명에게 다시 강의를 해줄 수 있느냐는 요청을 했다.

만약 그날 회장님이 없다고 강의를 하지 않고 그냥 갔다면 나에게 이런 기회는 오지 않았을 것이다. 나 또한 제주에서 부동산 투자를 하고 있기에 공인중개사 인맥을 강의를 통해 맺는다면 엄청난 기회가 올 것이라 직감했다. 결국 공인중개사 유튜브 영상 콘텐츠 제작 강의를 하게 되었고 부동산 마케팅과 컨설팅 기회들도 연이어 들어왔다.

지금 고객에게 보낼 포트폴리오 링크가 있는가?

3명 강의가 10명이 되고 10명 강의가 100명이 된다. 당장의 결과에 실망하지 말고 나에게 온 기회에 감사하며 진실된 마음으로 응대하자. 그러면 더 좋은 포트폴리오가 생길 것이다. 그 포트폴리오는 반드시 온라인에 남아 있어야 한다. 지금 내 눈앞에 있는 고객에게 나를 PR할 링크가 있어야 한다. 포트폴리오라 해서 거창할 필요는 없다. 차근차근 성장한 자신의 모습을 담은 블로그만으로도 충분하다.

소규모 강의를 통해 공인중개사협회 대형 강의 기회를 얻었다.

1)아랍에미레이트 두바이 여행 한 달 살기 후, 두바이에서 사업하기 (feat 중동 탐방 프로젝트)

쇼호스트 지망생인데요. 포트폴리오가 필요해요.

쇼호스트로 진출을 꿈꾸는 분들은 다양하게 방송을 많이 보셔야 하는데요. 방송도 중요하지만 전문적으로 셀럽 된 공간에서 펼쳐지는 방송 뭔가가 중요합니다.

서울 출장, 사진촬영 대행 주말 7건, 강남역703호 스튜디오 오픈!

서울 출장 가요. 오랜만에 서울 가네요. 쇼룸나온 인력, 그리고 제주 쉬어 많이 나들 바쁜거들요.

주말은 이틀 연속 사진촬영을 해야 돼요. 마케터, 기획자, 사진작가, 모델 다 모세요.

고객이 언제 연락할지 모른다. SNS에 포트폴리오를 쌓아보자.

디자이너가 말해주는
프리랜서 커뮤니티 공간의 포인트

구조의 매력, 복층

복층은 층고가 높기 때문에 처음 집에 들어섰을 때 시원한 개방감과 함께 이국적인

아티스트를 닮은 프리랜서

파리의 유럽집에서 각 계의 예술가들이 모여 영감을 얻었듯이 프리랜서들이

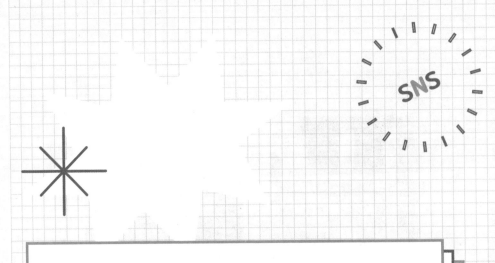

SNS로 돈 좀 벌어볼까?

(ft. 블로그, 유튜브, 인스타그램)

블로그 운영만으로도
210만원 광고비 절약?

블로그에 쓴 글은 어떻게 돈이 되는가?

다음은 내가 운영하는 블로그 조회수를 오픈한 것이다. 내 블로그에 유입되는 키워드는 내 사업명, 내 브랜드명, 내 서비스명 등 나와 관련된 키워드가 거의 100% 가깝다. 그렇다면 이 블로그의 가치는 얼마일까?

블로그 포스팅 조회수가 1일 1,000회라 해보자. 블로그 조회수 1회가 70원에 해당되니 이 정도 노출하려면 1일에 7만원, 1달에 210만원을 내야지 가능하다. 하지만 나는 직접 블로그를 운영하므로 매달 210만원의 광고비를 절약하는 셈이다. 이러니 웬만한 기업과 소상공인들은 블로그를 운영할 수밖에 없다.

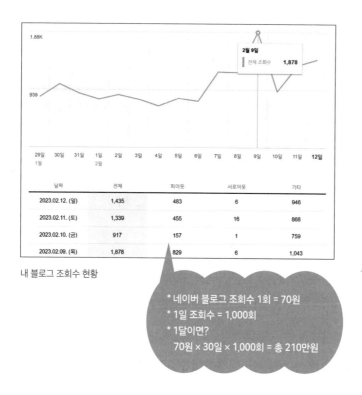

내 블로그 조회수 현황

* 네이버 블로그 조회수 1회 = 70원
* 1일 조회수 = 1,000회
* 1달이면?
  70원 × 30일 × 1,000회 = 총 210만원

사업체를 알리기 위해 광고 홍보 목적으로 돈을 쓰는 누군가가 있다면 그 돈을 버는 누군가도 존재한다. 지금부터 내가 블로그를 활용해 어떻게 돈을 버는지 집중적으로 이야기를 풀어가도록 하겠다.

네이버에서 '인스타그램 홍보', '인스타그램 광고'란 키워드로 검색을 해보았다. 검색 결과 내 블로그가 상위 1위 검색 결과로 나타난다. 아래 글은 집필 시점 기준 11시간 전에 올라간 글이다.

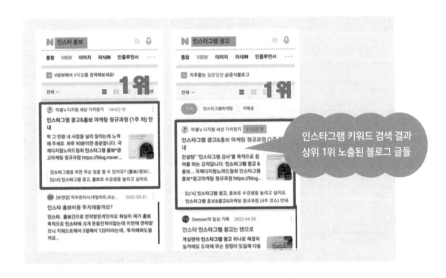

인스타그램 키워드 검색 결과 상위 1위 노출된 블로그 글들

나는 지금 인스타그램 광고·홍보 마케팅 강의를 하고 있다. 인스타그램 강사에게 관련 검색어의 상위 노출은 교육생 모집과 밀접한 연관이 있기에 무척 중요하다. 사업체가 있는 블로거가 연관 키워드를 노출시킬 수 있다면 광고·홍보비는 자동으로 절약될 것이다. 그럼 내 블로그에서 어떤 글이 상위 노출 되었을까?

ᐊ 상위 노출 블로그를 만드는 3가지 조건+α ᐅ

앞에서도 이야기했듯이 상위 노출 글은 3가지 요소가 반드시 포함되어야 한다. ❶ 나만이 알고 있는 고급 정보 ❷ 내용이 꽉 찬 정보

❸ 정성 있는 정보여야만 한다.

아래의 내 글은 '인스타그램 홍보', '인스타그램 광고'란 키워드로 검색할 때 상위 노출이 된 글들이다. 강의 모집 내용도 포함되어 있기에 매출과 직결되는 글임을 알 수 있다. 아래 QR코드를 찍고 들어가서 어떻게 3가지 요소를 버무려 글을 썼는지 참고해보자.

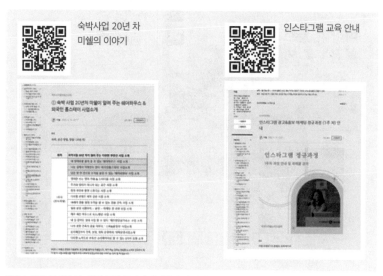

상위 노출된 블로그 글, 강의 모집 글이어서 매출과 직결된다.

하지만 3가지 요소가 다 들어 있다고 상위 노출이 되는 건 아니다. 이것보다 더 중요한 건 네이버 알고리즘이다. 이걸 모르고 쓰면 결과는 하늘과 땅 차이가 난다.

보기에 대충 쓴 것 같아도 상위 노출 1위를 하는 글이 있는가 하면, 10시간 투자해서 써도 누락이 되는 글이 있다. 이 모든 것을 결정하는 게 네이버 알고리즘이다. 네이버 알고리즘은 회사 정책에 따라 수시로 바뀌고, 풀어서 설명한다고 해도 책 1권 분량이므로 이 책에서는 넘어가도록 하겠다. 대신 아래와 같이 유튜브 영상으로 네이버 알고리즘을 설명했으니 참고하면 좋을 것이다.

블로그 알고리즘을 설명한 영상 링크

기본 3요소가 갖춰진 글에 네이버 알고리즘까지 적용해야 상위 노출이 가능하다.

조회수 1,000 넘어갈 때가 수익의 시작점

강남역 메인 도로에 있는 빌딩의 가치와 역삼역 이면에 있는 빌딩의 가치는 다르다. 그 이유는 바로 유동 인구 때문이다. 블로그가 상위 노출된다는 것은 방문자수가 많다는 것이고 방문자수가 폭발적으로 늘게 되면 강남역 빌딩처럼 가치를 갖게 된다.

만약 블로그를 키우는 시간과 노력을 절약하고 싶다면 돈을 쓰면 된다. 네이버 키워드 광고에 돈을 내면 얼마든지 상위 노출이 가능하다. 키워드 광고의 경우 기본 70원부터 입찰이 가능한데, 경쟁이 치열하지 않으면 단가가 200원 정도로 그칠 수 있고 과열되면 2만원까지 치솟을 수 있다. 만약 네이버 메인 화면 상단에 광고를 띄우고 싶다면 더 많은 돈을 내면 된다.

하지만 이렇게 광고비를 낼 사람(기업)은 몇 안 된다. 그래서 내 블로그를 키우는 것이다. 내 블로그 조회수가 적다면 광고 대신 조회수가 많이 나오는 블로거에게 원고료(혹은 제품)를 주고 홍보를 요청하기도 한다. 이들의 도움을 받아 상위 노출이라도 되면 거액의 광고비와는 비교할 수 없을 정도로 효과를 거둘 수 있다. 광고는 계약 기간 동안만 노출되지만, 블로그 글은 검색만 하면 계속 노출이 되므로 지속적인 효과를 볼 수 있다는 이득도 있다.

일반적으로 하루 방문자수 1,000명 정도 나오는 블로그라면 원고 하나당 약 5만원 정도 받는다. 매일 열심히 포스팅했더니 어느 날 원고 청탁이 온다면 바로 조회수 1,000이 넘어가는 순간이다. 그렇다면 하루 방문자 1,000명을 만드는 데 얼마나 시간이 걸릴까?

다음은 'SNS 30일 챌린지'를 함께한 교육생의 블로그 방문자 현황이다. 최초 100명대에서 포스팅을 시작했다. 30일 후를 살펴보자. 블로그에 매일 글을 올렸더니 1달 만에 방문자수 1,000명이 된 것을 확인할 수 있다. 상위 노출 블로그를 만드는 3가지 조건과 네이버 알고리즘에 맞춰 글을 쓴다면 조회수 1,000을 넘기는 것은 그리 어렵지 않다.

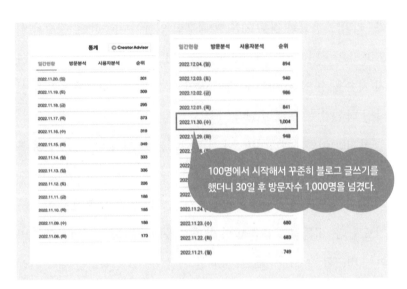

100명에서 시작해서 꾸준히 블로그 글쓰기를 했더니 30일 후 방문자수 1,000명을 넘겼다.

 미쉘톡톡!!

네이버는 왜 블로그 조회수를 안 보여줄까?

아래는 내 블로그 카테고리에 올라간 글의 조회수다. 어떤 글은 6만회를 넘어섰다. 돈으로 환산하면 약 420만원이다. 이 조회수를 다른 사람들도 보면 좋으련만 네이버 블로그는 유튜브와 달리 글쓴이 외에는 볼 수 없다.

> 네이버 블로그 조회수 1회 = 70원
> 네이버 블로그 조회수 60,000회 × 70원 = 4,200,000원

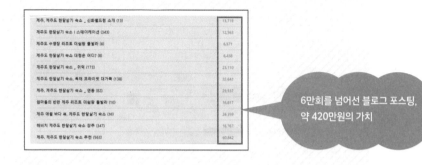

제주, 제주도 한달살기 숙소 _ 신화월드텔 소개 (13)	13,719
제주도 한달살기 숙소 l 스테이케이션 (343)	12,563
제주도 수영장 리조트 더쉼팡 풀빌라 (6)	6,571
제주도 한달살기 숙소 대정은 어디? (8)	6,438
제주도 한달살기 숙소 _ 위락 (173)	23,110
제주도 한달살기 숙소 옥채 프라이빗 대가족 (138)	22,643
제주, 제주도 한달살기 숙소 _ 연동 (82)	20,537
엄마들의 빈방 제주 리즈즈 더쉼팡 풀빌라 (10)	16,017
제주 어불 바다 뷰, 제주도 한달살기 숙소 (36)	24,359
패키지 제주도 한달살기 숙소 광주 (347)	16,767
제주, 제주도 한달살기 숙소 추천 (563)	60,842

> 6만회를 넘어선 블로그 포스팅,
> 약 420만원의 가치

'블로그 돈 벌기'는 상위 노출이 막힌 키워드?

매일 블로그에 콘텐츠 1개씩 올려서 월 600만원 버는 사람 이야기를 하면 아하, 그렇구나! 할 것이다. 물론 3가지 조건과 네이버 알고리즘에 맞춰 글을 작성해야 상위 노출이 된다. 하지만 블로그 글의 키워드가 '블로그 돈 벌기'라면 절대 상위 노출이 되지 않는다. 아무리 네이버 알고리즘에 맞게 글을 쓴다고 해도 가능성이 제로다. 왜냐하면 '블로그 돈 벌기'라는 키워드 자체를 네이버에서 허락하지 않기 때문이다. 결론적으로 말하면 네이버와 이득이 상충되지 않아야 하고, 네이버에서 원하는 글을 써야 노출이 잘 된다는 말이다.

블로그 조회수를 공개하면 광고주를 잃을 수 있다?

그렇다면 블로그 조회수는 왜 공개하지 않는 걸까? 예를 들어 '제주 호텔'을 검색하면 다음과 같이 나온다. 아래 왼쪽은 상위 노출 블로그 항목이고 오른쪽은 파워링크 항목이다. 상위 노출이 된 블로그 조회수가 공개된다면? 해당 블로거에게 홍보를 해달라는 요청이 쇄도할 것이다.

'파워링크'
광고 항목

'제주 호텔' 검색 결과 화면

원고료와 광고료를 비교해봤을 때도 훨씬 저렴할 것이다. 키워드 광고료가 1회 클릭당 얼마라면, 블로그 원고료는 조회수 상관없이 5만원부터 100만원까지 받는다. 블로그 영향력에 따라 가격이 다르다. 일단 비용을 주면 조회수가 계속 올라가도 추가 비용을 줄 필요가 없다. 따라서 블로그 조회수를 공개한다면 사람들은 광고를 집행하지 않고 유명 블로거들을 찾아갈 것이다. 앞에서 살펴봤듯이 조회수가 6만회가 나오게 하려면 네이버에 420만원의 광고료를 지불해야 한다. 하지만 블로거에게는 상대적으로 저렴한 비용을 주고 비슷한 효과를 얻을 수 있기 때문이다. 결국 네이버는 광고주를 잃게 될 확률이 높기에 절대 조회수를 공개하지 않는 것이다. 하지만 유튜브는 다르다. 유튜버는 부지런히 영상을 만들어서 조회수가 올라가야지만 기업 광고를 영상 중간에 넣을 수 있다. 그래서 유튜브 플랫폼이 오픈하자마자 콘텐츠가 빠르게 확보되었고 양쪽 모두 돈을 버는 구조여서 급속도로 성장할 수 있었다.

유튜브와 인스타그램에 올린 영상은
어떻게 돈이 되는가?

유튜브 영상으로 수익을 창출하는 2가지 방법

먼저 유튜브를 살펴보자. 유튜브는 조회수가 모두에게 공개되어 한눈에 얼마짜리 영상인지 확인이 가능하다.

기업이 유튜브에서 광고·홍보를 집행하는 방식은 크게 2가지로 나뉜다. ❶ 유튜브 측에 광고비를 직접 주고 자사의 영상 조회수를 띄우거나 ❷ 유명 유튜버를 찾아 영상 제작을 요청하고 그들의 채널에 올려 조회수를 올리는 것이다. 여기서 우리가 주목할 것은 후자로 일반 유튜버가 돈을 벌 수 있는 방법이다. 유튜버는 어떻게 운영을 해야 기업에게 콘텐츠 제작비도 받고, 조회수에 따른 인센티브도 추가로 얻을 수 있을까?

디지털 노마드, 창직, 지식창업을 주제로
유튜브 영상을 꾸준히 올리고 있다.

유튜브 콘텐츠도 상위 노출 블로그를 만들 때처럼 ❶ 나만이 알고 있는 고급 정보 ❷ 내용이 꽉 찬 정보 ❸ 진정성 있는 정보로 승부해야 한다. 여기에 유튜브 알고리즘까지 간파하고 있다면 조회수는 상승할 것이다.

유튜브 알고리즘 역시 정책에 따라 수시로 바뀌므로 이 책에서는 넘어가도록 하겠다. 대신 아래와 같이 영상으로 유튜브 알고리즘을 설명했으니 참고하면 좋을 것이다.

유튜브 알고리즘을 설명한 영상 링크

이번에는 인스타그램을 살펴보자. 인스타그램에 올리는 짧은 영상 '릴스'를 살펴보면 조회수가 팍팍 터지는 것을 확인할 수 있다. 유명 인플루언서가 아니어도 인기를 얻을 만한 릴스를 올리면 조회수 몇백에서 몇천은 기본이다. 인스타그램 콘텐츠도 블로그, 유튜브 콘텐츠를 만들 때처럼 ❶ 나만이 알고 있는 고급 정보 ❷ 내용이 꽉 찬 정보 ❸ 진정성 있는 정보로 승부해야 한다. 그리고 인스타그램 알고리즘까지 파악해두면 조회수를 높일 수 있다.

인스타그램 알고리즘 역시 정책에 따라 수시로 바뀌므로 이 책에서는 넘어가도록 하겠다. 대신 아래와 같이 영상으로 유튜브 알고리즘을 설명했으니 참고하면 좋을 것이다.

인스타그램 알고리즘을 설명한 영상 링크

국제디지털노마드협회가 운영하는 디노부TV.
최신 SNS 정보가 업데이트된다.

블로그, 유튜브, 인스타그램 3개 채널 동시 운영 필수

나는 동영상 콘텐츠를 만들 때 블로그, 유튜브, 인스타그램 3개 채널을 동시에 올릴 것을 감안하며 만든다. 어떻게 3개 채널을 동시에 운영할 수 있느냐며 놀라워하지만 이것은 생각보다 쉽다.

먼저 글과 사진 몇 장을 블로그에 올려 내 생각을 정리해보자. 여기서 찍었던 사진만 골라서 인스타그램에 올리고, 촬영했던 영상은 59초 이내로 편집해서 인스타그램(릴스), 유튜브(쇼츠)에 올리면 된다.

물론 유튜브 영상을 만들기 위해서는 스토리라인 즉, 대본이 있어야 한다. 하지만 걱정할 필요가 없다. 여러분은 이미 블로그에 글을 쓰지 않았는가? 이것이 유튜브 영상의 대본인 셈이다. 유튜브 영상에 자막을 넣거나, 목소리 녹음을 할 때 블로그에 올린 글을 그대로 이용하면 된다. 결국 하나의 콘텐츠를 다양한 채널에 올리는 것이며(one source multi use) 이 콘텐츠가 글이냐, 사진이냐, 영상이냐의 차이다.

제주 캠핑카를 주제로 블로그, 인스타그램, 유튜브에 동시 업로딩

콘텐츠 하나 만들었는데 채널 3군데에 동시에 올릴 수 있다니, 홍보하는 입장에서 제작 시간도 절약할 수 있고 여러모로 유리하다. 최근 SNS 플랫폼은 초보자도 쉽게 콘텐츠를 올릴 수 있도록 프로세스를 간소화하고 있다. 결국 크리에이터의 역량에 따라 조회수가 올라가게끔 배려하는 셈이다.

어떤 크리에이터가 맛집 홍보 콘텐츠를 만들기 위해 식당에 방문한다고 치자. 이 크리에이터는 무엇을 가장 신경 쓸까? 음식이 나오면 사람들이 좋아하도록 예쁘게 사진을 찍고, 영상(긴 영상용 가로 영상, 짧은 영상용 세로 영상) 촬영을 하는 데 온 힘을 쏟을 것이다.

노트북 앞에 앉아서 콘텐츠를 올리는 건 정말 쉽다. SNS로 수익을 내는 것은 콘텐츠 그 자체다. ❶ 나만이 알고 있는 고급 정보 ❷ 내용이 꽉 찬 정보 ❸ 진정성 있는 정보를 담아야 한다는 점을 잊지 말길 바란다.

*'블로그 글쓰기 30일 챌린지' 계획표

나는 교육생들과 'SNS 30일 챌린지'를 한다. 그중에서도 '블로그 글쓰기 30일 챌린지'를 가장 중요하게 생각하는데 이것만 잘해도 인스타그램, 유튜브 콘텐츠 만들기는 쉬워진다.

다음은 교육생들과 함께했던 30일차 과정이다. 일별 주제만 정해져도 글쓰기가 쉬워진다. 혼자 쓰면 막막하지만 함께 쓰면 쉬워진다. 별책으로 제공한 <SNS 30일 챌린지>를 주제별로 매일 쓰고 사진을 찍은 후 인스타그램이나 블로그에 올려보자. 그리고 아래 카페에 인증해보자. 응원은 물론 다양한 선물까지 제공하고 있으니 초보자에겐 딱이다. 이렇게 딱 1달만 도전해보자. 여러분의 SNS 채널은 눈에 띄게 달라질 것이다.

26

초보자도 영상으로
돈을 벌 수 있나요?

현직 SNS 마케터는 어떻게 일을 시작했을까?

디지털 노마드로 살아가는 동료들과 인스타그램 기획 회의를 줌으로 했다. A는 베트남에, B는 울산에, 그리고 나는 제주에 살고 있다. A와 B의 업무를 살펴보자.

A : 한 회사의 인스타그램 공식 계정을 맡아 운영하고 있고, 공식
　　계정에 올라갈 사진, 후기, 정보 그리고 카드 뉴스 제작을 하고
　　있다. 하루 8시간 정도 기업에 소속이 되어 SNS 마케터로 재
　　택근무를 하는 프리랜서다.

B : 기업 공식 인스타그램 3개를 운영하고 있다. 브랜드, 제품, 서비스 관련 콘텐츠는 해당 기업에서 올리지만 B는 SNS 마케터로서 계정 관리와 카드 뉴스 제작 및 도달률 높이기에 집중한다. 일반적으로 기업 공식 인스타그램은 콘텐츠가 딱딱해서 도달률을 높이기가 어렵다. 그래서 예산 중 50%는 광고를 하거나 나머지 50%는 B와 같은 SNS 마케터를 고용해서 관리를 외주로 맡긴다. 이렇게 일하면 기업 입장에서는 사내 업무량을 줄일 수 있고, 매출에 대한 성과나 효과를 측정하기가 좋다. 현재 B는 기업 공식 계정의 댓글과 DM, 고객 관리 그리고 정보성 카드 뉴스 제작을 한다.

그렇다면 이들은 어떻게 이런 일을 시작하게 되었을까?

공모전과 리뷰 크리에이터로 시작하는 것을 추천

SNS 마케터들을 인터뷰해보니 진입 장벽이 낮은 공모전이나 리뷰 크리에이터로 일을 시작했다고 한다. 기업 공모전은 10만~30만 원 정도 상금을 지급하는데 초보자도 아이디어만 좋다면 얼마든지 수상이 가능하다. 수상이 안 되더라도 실망할 필요는 없다. 초보자에게는 기업의 니즈를 파악하고 콘텐츠를 만드는 법을 습득할 수 있는 좋은 기회라고 생각한다.

유튜브 공모전 홍보물

교육생 공모전 출품작

그다음으로 초보자라면 자신이 좋아하는 제품이나 서비스의 리뷰 콘텐츠부터 만들어보길 바란다. 기업의 경우 자체 제작 콘텐츠보다 고객 이용 후기(리뷰 콘텐츠)로 더 빵빵 터지는 경우가 많은데 특히 영상 콘텐츠는 판매에도 큰 영향을 주기에 기업은 많은 비용을 쏟아붓고 있다. 유튜브 리뷰 영상을 만들고 조회수가 올라가면 어느 순간 기

인스타그램 리뷰 크리에이터 제작 사례

업에서 영상을 구매하고 싶다고 연락이 올 것이다. 이렇게 판매된 영상은 기업 채널에 편집 후 올라간다. 기업으로서는 제작비, 광고·홍보비가 절약되고 곧바로 매출로 연결되므로 수요가 많아지고 있다.

내돈내산 제품부터 리뷰를 시작하자

물론 처음부터 영상을 구매하겠다는 제안이 들어오지는 않는다. 내돈내산으로 리뷰 영상 콘텐츠를 올리면 기업은 감사의 표시로 제품 구입비를 돌려주기도 하는데 이럴 경우 해당 고객 리뷰 영상을 재편집하여 사용할 것을 요청하기도 한다.

또는 다른 제품을 협찬해주고 리뷰를 부탁하는 경우도 있다. 기업마다 신제품이 나오면 서포터즈를 모집해서 제품과 사용 설명 영상을 주고 리뷰를 요청하는 경우도 많다.

그러니 오늘부터 내가 돈을 내고 소비한 걸 생각해보자. 맛집, 카페, 숙소, 책, 리빙 제품 등 여러 가지가 있을 것이다. 내돈내산 제품으로 일단 리뷰 영상을 만들어본 후 글 후기는 블로그, 사진은 인스타그램, 짧은 영상은 인스타그램 릴스와 유튜브 쇼츠 용도로 올려보는 것이다.

최근 짧은 영상에 대한 선호도가 높아져서 영상 제작에 대한 부담은 가지지 않아도 된다. 릴스와 쇼츠는 59초짜리 영상으로 하나만 만들어서 인스타그램과 유튜브에 올리면 된다. 일반적으로 59초 정도 리뷰 콘텐츠 제작비는 10만원부터 시작하고, 크리에이터가 운영하는 SNS 채널에도 올려야 한다면 팔로워, 구독자, 조회수에 따라서 추가적으로 인센티브를 받을 수 있다.

딱 10개만 만들어보자, 콘텐츠 판매도 도전하자

무엇이든 꾸준히 만들어봐야 한다. 우선 딱 10개만 만들어보자. 그리고 판매처에 내가 올린 링크를 보내서 반응을 살펴보자. 처음 만들 때부터 '이걸 누군가에게 보여줘야지' 하고 만들면 퀄리티가 높아질 수밖에 없다.

링크를 보내면 답변이 올 것이다. '다음에 오시면 서비스 드릴게요' 또는 '다음에 제품을 드릴 테니 체험단 가능하세요?' 등. 답변이 온다면 내 콘텐츠가 어느 정도 괜찮다는 의미다. 만약 답변이 오지 않는다면 조회수가 높은 리뷰 콘텐츠를 벤치마킹해서 다시 만들어보자.

만약 판매처에서 '해당 사진과 영상을 저희 계정에 올릴 수 있을까요?' 이런 제안이 들어오면 내가 만든 콘텐츠를 살 의향이 있다는 말이다. 나도 돈을 주고 제품을 구입했는데 당연히 돈을 받고 내 콘텐츠를 팔아야 한다. 이런 제안이 오기를 기다리며 딱 10개만 만들어보자.

다양한 방법으로 수익 창출이 가능한 영상 콘텐츠

영상 콘텐츠는 리뷰 외에도 다양한 방법으로 수익화가 가능하다. 최근에 어떤 학생은 수험생활 브이로그 동영상을 자신의 유튜브 채널에 올려서 조회수를 올리고 월 300만원 수익을 인증하기도 했다. 어떤 크리에이터는 코로나19 이후 혼술하는 사람들이 늘어나자 관련 영상을 올려서 구독자수를 올리기도 했다. 최근에는 짧은 영상 선호도가 높아지면서 유튜브 쇼츠로 구독자수를 늘리는 유튜버가 많아졌다.

디지털노마드협회 수강생들의 사례 보고 영상

월 1,000만원 버는
콘텐츠 크리에이터 A씨의 사례

먼저 조회수 1만을 찍어라

A는 콘텐츠 크리에이터로 일하며 월 1,000만원 정도 벌고 있다. A와 나의 인연은 4년 전 그가 마케팅 대행사에서 영업 업무를 하면서 시작되었다. A가 한 일은 소상공인들에게 DM 등을 통해 광고 영업을 수주하는 일이었다. 그러다 자신만의 채널을 갖게 되면 부수익을 얻을 수 있다는 것을 알게 되어 사진도 찍고, 영상도 촬영해서 편집하는 취미를 갖게 되었다.

A가 퇴사를 하자 개인적으로 마케팅 문의가 많이 왔다고 한다. 그동안 회사에서는 영업 업무만 해왔지만 이와 별도로 조회수와 도달

률이 많이 나오는 자신만의 SNS 채널을 보유했기 때문이다.

A는 전공자는 아니지만 사진과 영상 제작에 자신이 있었다. A는 자신의 블로그에 제품 후기 포스팅을 올리고, 인스타그램에 제품 사진과 릴스 영상을 올린다. 그리고 유튜브에 쇼츠 영상을 올리면 매번 조회수 1만을 보장하는 크리에이터다.

A는 1일 1개, 1달 30개 업체하고만 작업하는 것을 원칙으로 하는데, 3개 채널에 콘텐츠를 올리는 시간은 총 3시간 이내다. A의 영업 비밀은 업체에 직접 출장을 가서 사진을 찍고 콘텐츠를 만들어주는데 있다. 오후 2시간 정도 촬영을 하고, 늦은 밤에 작업을 해서 업체에 보내는 것이 하루 일과다. 이렇게 해서 한 업체당 받는 금액은 30만원이다. 생각보다 싸다는 생각이 들 것이다. 가격대가 부담이 없어서 소상공인들을 주요 고객으로 두고 있다.

소상공인들도 자사 제품을 유료 광고 하려면 콘텐츠(사진, 영상)가 있어야 하는데 이걸 외주로 줄 경우 가격이 상당히 부담스럽다. 하지만 A가 제시한 가격은 합리적이었다. A는 소상공인을 집중 공략하여 틈새를 잘 파고들었고 매출로 연결시켰다.

A가 맨땅에서 콘텐츠로 매출을 일으킨 과정

A가 초기에 매출을 만든 과정을 간단히 살펴보자.

❶ 신규 오픈 매장을 방문하여 내돈내산 소비 후 사진 촬영을 해서 인스타그램에 올린다

A는 신규 오픈 매장을 공략했다. 직접 방문해서 소비를 한 후 사진 10장을 인스타그램에 올렸다. 그리고 링크를 판매처에 건넸다. 링크를 줄 때 '사진은 더 많이 찍어서 보정까지 해드릴 수 있고, 영상 촬영도 편집까지 해드릴 수 있다'는 메시지도 함께 남겼다. 이렇게 링크를 보내면 대부분 신규 업체는 요청을 했다고 한다.

❷ 디지털 콘텐츠 상품을 규격화해서 팔았다

사진을 보고 마음에 들면 신규 업체에서는 촬영한 사진과 영상 콘텐츠를 받고 싶어 한다. A는 확실한 구매로 연결시키기 위해 신규 업체라면 누구나 필요로 할 만한 사진들을 다음과 같이 규격화했다.

A가 판매한 30만원짜리 디지털 콘텐츠 상품

□ 네이버 플레이스에 올릴 매장 사진
□ 제품 사진
□ A의 SNS 채널 콘텐츠 업로딩
(블로그 포스팅 1개, 인스타그램 피드 1개, 인스타그램 릴스 1개, 유튜브 쇼츠 1개)

A는 위와 같이 디지털 콘텐츠 상품을 만들고 30만원에 판매했다. 2시간 출장을 와서 촬영해주고 이렇게 콘텐츠를 팔다니, 이걸 다 해주고 30만원? 소상공인들은 가격을 확인한 후 대부분 의뢰를 해왔다. 그리고 지속적으로 구매를 해줬고 입소문이 나자 월 매출 1,000만원을 찍게 되었다.

❸ 10개까지 콘텐츠 포트폴리오를 만든 후 판매를 시작했다

처음엔 비용을 받지 않았다고 한다. 이 상품을 만들었던 초기만 하더라도 A의 실력은 판매할 정도는 아니었다. 그래서 처음엔 신규 오픈 매장에 가서 무료 협찬을 받고 시작했고 포트폴리오를 10개 정도 만들자 판매를 시작했다. 딱 10개 업체를 경험해보면 프로세스가 익숙해지고 퀄리티도 높아진다.

세상에 공짜는 없다. 초반에는 나를 알리기 위해 돈을 투자해야 한다. 내돈내산 제품이나 협찬 제품으로 연습 삼아 콘텐츠를 만들고 내 SNS 채널에 업로드하는 것이 중요하다. 내가 운영하는 채널에 지속적으로 콘텐츠가 올라가야지만 홍보도 되고 내 채널도 성장하기 때문이다.

이제 막 시작하려는 사람들은 어느 세월에 포트폴리오를 만들고 돈을 벌까 싶어서 막막할 것이다. 하지만 10번 정도 같은 과정을 반복하면 투입 시간이 줄어든다는 것을 경험할 것이다.

3개 채널 하루 90분 콘텐츠 제작 시간표

A의 사례처럼 여러분도 자신만의 영역에서 콘텐츠를 생산할 수 있다. 필자가 진행하는 'SNS 30일 챌린지'는 블로그 포스팅, 인스타그램 사진, 인스타그램(릴스)과 유튜브(쇼츠)에 올릴 영상, 이렇게 시간표가 구성된다. 30일이 지나면 콘텐츠 30개를 3개 채널에 올리게 된다. 이 과정을 따라 하다 보면 콘텐츠 제작 실력도 늘고 조회수도 높아질 것이다.

초보자는 다음과 같이 콘텐츠 제작 시간을 딱 90분으로 제한한다.

초보자를 위한 콘텐츠 제작 시간(총 90분) ·····················

☐ 사진 색감 보정 편집 10분   ☐ 블로그 포스팅 60분

☐ 인스타그램 피드 10분   ☐ 인스타그램 릴스, 유튜브 쇼츠 영상 10분

별책 부록으로 제공하는 <SNS 30일 챌린지>를 활용하면 채널을 꾸준히 키울 수 있다. 30일 동안 콘텐츠를 꾸준히 올리면 업로딩 습관이 몸에 붙고 자신만의 콘텐츠 제작 방향이 잡힐 것이다.

앞에서도 이야기했듯이 어떤 콘텐츠를 만들어야 할지 기획하는 데에 시간 투자를 많이 해야 한다. 내가 좋아하는 것, 잘하는 것, 평소 돈을 많이 쓰는 것을 생각해보자. 즐겁게 콘텐츠를 만들어야 실력도 늘고 성과도 얻게 된다.

28

인스타그램과 유튜브에 올린
영상의 가격은?

‑ 초보자도 달성하기 쉬운 릴스 + 쇼츠 조회수 8,000회 ‑

요즘은 긴 영상을 잘 보지 않는다. 인스타그램에 올리는 짧은 영상인 릴스는 최근 엄청난 도달률을 보여주고 있다. 릴스 영상의 비율은 9:16 사이즈이며 일명 세로 영상이다. 영상을 찍어서 올리기만 하면 안 된다. 영상에 무엇을 담아 어떤 성과를 낼 수 있는지가 중요하다.

다음 예시를 살펴보자. 내가 운영하는 숙소의 리뷰를 릴스 영상으로 올렸다. 그랬더니 고객들이 숙소 내부를 빠르게 볼 수 있어서 좋았다며 예약으로 이어진 영상이다. 릴스는 59초 안에 모든 정보를 응축해서 표현해야 한다. 릴스의 도달률은 팔로워 시청수, 콘텐츠 소비 시간, 저장률, 댓글에 따라 매겨진다.

하지만 이제 막 오픈한 사업체라면 이렇게 릴스 영상만 올려놓으면 안 된다. 블로그든, 인스타그램이든, 유튜브든 어디든 검색하면 릴스 영상과 관련된 사업의 고객 후기가 곧바로 나와야 한다. 고객 후기 콘텐츠가 신뢰할 만하면 구매로 이어진다. 신규 사업장일수록 '릴스 영상 + 고객 후기'를 준비해놓는 게 필수다.

숙소 내부를 촬영하여
인스타그램 릴스로 올린 영상

유튜브 쇼츠 영상을 처음 올리기만 해도 조회수 1,000회를 쉽게 넘긴다. 유튜브 쇼츠 역시 릴스처럼 59초 이내의 짧은 영상이다. 쇼츠 영상은 따로 만들 필요가 없다. 인스타그램에 올린 릴스 영상을 그대로 유튜브 쇼츠에 올리기만 하면 된다. 이렇게 릴스를 재활용해서 쇼츠로 올리면 2개 합쳐 조회수 8,000회는 무난히 달성할 수 있다.

인스타그램 릴스 영상을 재활용하여
유튜브 쇼츠로 올린 영상

릴스와 쇼츠를 만들기 전 초보자에게 조언을 하자면 영상을 잘 만들어서 올려야겠다는 생각은 일단 버리는 게 좋다. 스마트폰으로 동영상을 찍고 인스타그램 릴스에 올리고 이걸 다시 유튜브 쇼츠로 올리는 것에 의의를 두자. 이것을 10회 반복하는 것이다. 그러다가 조회수가 어느 정도 나오고, 저절로 구독자가 생기면 그때 본격적으로 유튜브 채널을 운영해볼까 생각해보면 접근이 쉬울 것이다.

─〉 내 영상을 5,000명이 본다면, 얼마의 값어치일까? 〈─

앞에서도 이야기했듯이 크리에이터들은 본인이 만든 콘텐츠를 판매하는 것에 그치지 말고 본인 채널에도 꾸준히 올려야 한다. 내가 올린 영상의 비용은 영상의 퀄리티보다도 조회수에 따라 달라진다.

물론 조회수가 높다고 무조건 비용을 많이 주지는 않는다. 기업은 리뷰 크리에이터가 해당 분야의 콘텐츠를 지속적으로 올렸는지 살펴본 후 팔로워, 좋아요, 댓글, 조회수에 따라서 비용을 책정한다. 적어도 크리에이터는 본인 몸값을 스스로 알고 콘텐츠 가격 흥정을 할 수 있어야 한다.

기업에서 요청하는 짧은 영상(59초) 리뷰 콘텐츠의 기본 제작비는 최소 10만원부터 시작한다. 이 콘텐츠를 내 블로그, 인스타그램, 유튜브에 올린다고 생각해보자. 각 채널별 원고료는 기본이고, 조회수에 따라 인센티브를 받게 된다. 만약 내가 만든 영상을 5,000명이 본다면? 각 채널별로 최소 얼마의 비용을 받으면 될까? 대략적으로 계산해봤다.

글, 사진, 영상 콘텐츠 제작 및 최소 판매금액

* 네이버 상위 노출 보장 원고 = 10만원

* 인스타그램 피드 1개 = 10만원

　(촬영 후, 보정 사진(30장) 제공할 경우)

* 59초 쇼츠 & 릴스 영상 = 10만원

　(같은 영상을 인스타그램 & 유튜브 업로드)

> 여기서 α라는 말은 팔로워수, 도달률, 블로그 영향력에 따라 다르고 위 가격은 크리에이터가 활동을 할 때 처음 시작하는 가격을 말한다.

총합 30만원 + α

위와 같이 총 30만원 + α의 값어치가 매겨진다. 기업 입장에서는 리뷰 영상 파일 하나만 받고 끝내는 것보다 이 영상을 SNS 채널에 올리고 조회수를 높이는 크리에이터에게 광고비를 집행하는 게 유리하다고 생각할 것이다. 따라서 콘텐츠를 만드는 데 그치지 말고 자신의 SNS 채널을 키워야 최종 몸값이 올라간다는 점을 꼭 기억해두자.

기업은 광고보다 리뷰 선호도가 높다

네이버에서 '제주 렌트카'로 검색을 해보면 VIEW 탭에 '광고'가 보인다. 네이버 광고 상품 중 파워콘텐츠라는 광고 상품인데 1클릭당 최소 70원부터 시작을 한다. 맨 위에 뜨기 위해서는 80원, 90원 등 높은 금액으로 입찰을 해야 한다. 그리고 이 비용은 사람들이 클릭을 할 때마다 지속적으로 나간다.

차라리 이 비용을 상위 노출이 가능한 블로거에게 한 번만 주면 끝이 난다. 시간이 지나면서 해당 포스팅의 노출도가 떨어질 수는 있겠지만 원고료 30만원만 주면 더 이상 비용 추가 없이 조회수 약 4,000 이상 나오는 광고를 하게 되기에 기업 입장에서는 손해 보는 일이 아니다.

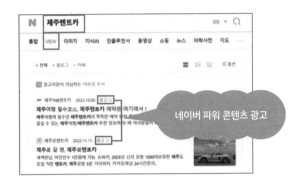

네이버 파워 콘텐츠 광고

이번에는 인스타그램을 살펴보자. 인스타그램에서도 광고 홍보를 하려면 기본적으로 광고용 콘텐츠가 있어야 한다. 여기에 5,000명이 보도록 도달률을 높이려면 10만원 정도 광고비를 내야 한다. 자, 생각해보자. 10만원을 주고 인스타그램에 홍보, 광고를 하는 것이 효과적일까? 차라리 그 정도 노출이 가능한 SNS 채널을 가진 사람에게 영상을 주고 도달률을 높여달라는 게 더 효과적일까?

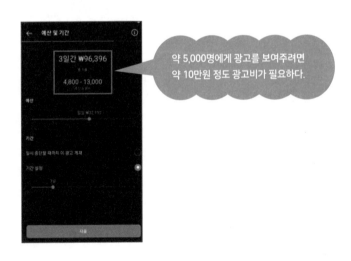

약 5,000명에게 광고를 보여주려면 약 10만원 정도 광고비가 필요하다.

큰 기업은 다양한 홍보 방법으로 광고비를 내겠지만 소상공인들은 후자의 경우를 선택한다. 도달률이 더 많이 나온다고 해서 크리에이터에게 추가 비용을 주지 않아도 되기에 플랫폼 광고보다 '리뷰 크리에이터'를 선호한다. 그것이 광고비를 줄일 수 있는 방법이기 때문이다. 그런데 이 크리에이터가 블로그와 인스타그램뿐만 아니라 동영상 콘텐츠인 릴스와 쇼츠까지 올려준다면? 이것은 기업 입장에서는 유튜브 광고비까지 줄일 수 있는 방법이기에 마다할 이유가 없는 것이다. 따라서 콘텐츠 크리에이터라면 블로그, 인스타그램, 유튜브 모두 운영하는 것이 필수다.

창직 사례 - 인스타그램 사진 촬영 기자단

인스타그램에서 사진 촬영 기자단이란 말을 들어보았는가? 말 그대로 인스타그램에 업로드(피드)가 될 사진을 찍는 사람을 말한다. 사진작가가 스튜디오에서 상업용 사진 촬영을 하는 것이 아닌 인스타그램에서 사람들이 좋아할 만한 친숙한 사진을 찍는 것을 말한다. 인스타그램은 사람들이 좋아할 만한 사진이 중요하다.

인스타그램 공식 계정 사진 형태 사례

인스타그램에 올리는 사진의 형태는 따로 있다. 사람이 나올 경우 사진은 4:3 사이즈, 영상은 16:9 사이즈로 세로를 길게 촬영하거나, 그 밖의 사진은 정사각형 1:1 사이즈로 항공 사진 촬영을 하면 된다. 기업 공식 계정에 올라간다면 특징을 포착해서 기획해주는 것이 중요하다. 왜 이렇게 사진 촬영을 했고, 이런 사진을 어떻게 활용하면 좋은지까지 고객을 설득해야 한다.

맘마미아 가계부 인스타그램 공식 계정

지역 기반 업체 홍보는 인스타그램 광고 최고!

동네 카페 홍보를 인스타그램으로 한다고 했을 때 카페 매장 사진은 인스타그램 카페 공식 계정 9피드 즉 9장으로 올라가는 사진 형태다. 9장으로 카페의 모든 것이 표현이 되면 좋을 것이다. 나는 '방문 고객 이용 방법', '카페 인테리어', '카페 메뉴' 이 3가지를 9장의 사진에 매력적으로 담아야 카페 방문으로 연결될 수 있으리라 생각했다. 그리고 카페를 이용하는 고객은 인근에 있는 사람일 가능성이 높다. 카페 위치에서부터 10km 이내에 있는 사람에게 노출이 된다면 해당 카페를 찾을 가능성이 높을 것이다. 이렇게 지역 기반으로 홍보를 할 때 인스타그램 유료 광고가 상당히 효과적이다. 사진, 영상 콘텐츠만 전달해주는 것이 아니라, 해당 콘텐츠로 어떻게 광고를 할 수 있는지까지 알려주면 1대 1 강의를 해달라고 요청하는 경우가 많았다. 나 또한 이렇게 강의를 시작하게 되었고 컨설팅도 하게 되었다. 여러분도 도와주고 싶은 업체가 있다면 고객 이용 사진, 인테리어 사진, 메뉴 사진을 촬영하고 꼭 사업주에게 전달해보자. 그럼 어떤 기회라도 생길 것이다.

카페의 경우 인스타그램 지역 광고가 효과적이다.

디지털 노마드는 월 10만원으로 창업 가능!
(ft. 네이버 쇼핑라이브 교육 상품)

디지털 노마드는 언제 어디서나 맨손 창업 가능!

오프라인 카페를 창업한다고 가정해보자. 최소 자본금 5,000만원은 있어야 한다. 창업 공부할 시간도 필요하고, 커피 교육도 받아야 하고, 매장도 알아봐야 하고, 인테리어도 해야 한다. 그 외 할 것들이 너무나도 많다. 그런데 커피 한 잔이 5,000원이라면? 100잔 팔아야 50만원인데 임대료 내고, 인건비 내고, 세금 내고 하면 내 투자비는 어떻게 되는 것일까? 그러다 뜻하지 않게 코로나19 같은 이슈가 터진다면? 투자금 회수는 언감생심, 적자는 불 보듯 뻔하다.

하지만 디지털 노마드는 다르다. 스마트폰과 IT 기기만 있으면 창업(또는 창직)이 가능하다. 나는 지금 통신비용 월 6만원을 내고 있고, 라이트룸 보정 앱은 월 6,500원을 내고 있다. 캔바(Canva) 카드뉴스 제작 앱은 월 1만원 정도 내고 페이스앱(FaceApp) 얼굴 보정 앱은 월 6,500원 주고 사용한다. 이것저것 유료 앱 다 합쳐봐야 월 10만원 안쪽이다. 이 비용만 투자하면 고객이 필요로 하는 콘텐츠와 서비스를 제공할 수 있다.

사람들이 궁금해하는 것을 강의로 만드는 기술

나는 지금 사업주로서 내 사업장을 홍보하는 게 주력이지만 프로젝트 성격으로 타사 SNS 채널 홍보, 온라인 마케팅 대행과 컨설팅을 하고 있다. SNS 채널을 운영하다 보면 주변에서 질문이 많이 들어온다.

"블로그 상위 노출 어떻게 하면 돼? 블로그 파워 콘텐츠 광고 어떻게 해? 광고를 할 순 있는데 매출이 안 오르는데 매출을 높일 수 있는 포스팅은 뭐야? 인스타그램 광고 영상 어떻게 만들어? 인스타그램에서 돈 내고 홍보 광고하는 방법이 뭐야?" 등.

"나도 몰라, 유튜브 검색해봐" 이렇게 말해줘도 질문자의 입맛에 딱 맞는 답변은 찾기가 어렵다. 여기저기 질문 공세에 지쳐 나는 SNS 강의를 만들어버렸다. 소규모 집단을 공략해서 내 경험을 토대로 PPT 자료를 만들고 과외처럼 1대 1 질문과 답을 주고받는 식이다.

대중적인 SNS 마케팅 강의를 하는 사람은 많아도 나같이 소규모 맞춤 강의를 하는 사람은 드물다. 나만이 할 수 있는 상품을 개발하면 매출로 이어지는 건 어렵지 않다.

오프라인에서 전문가가 되려면 적어도 몇 년의 시간을 투자해야 한다. 하지만 SNS는 다르다. 실시간으로 바뀌는 플랫폼과 프로그램의 쓰임을 속성 강의로 만들면 언제나 인기가 있었다. 그래서 나는 SNS가 바뀔 때마다 귀를 쫑긋하고 기회를 엿본다. 사람들이 원하는 내용만 쏙쏙 뽑아 강의 상품을 만들고 내 채널에 홍보하면 매출이 발생하기 때문이다.

월 10만원 투자로 라이브 커머스 강의 상품 개발

최근에는 라이브 커머스(Live commerce)가 떠오르고 있다. 라이브 스트리밍(Live streaming)과 커머스(Commerce)의 합성어인 라이브 커머스는 실시간으로 쇼호스트가 제품을 설명하고 판매할 수 있는 채널이다. 2022년 중국 온라인 라이브 방송 이용자 규모는 6억 6,000만명, 시장 규모 676조원에 달하고, 2022년 한국 라이브 커머스 시장도 2021년에 비해 3배 이상 증가했다.

국내 대표적인 라이브 커머스 채널은 바로 네이버 쇼핑라이브다. 실시간 방송을 통해 판매자에게 궁금한 점을 질문하고 여과 없이 소통할 수 있다는 장점이 있다. 나는 새로운 SNS 플랫폼이 나오면 무조건 도전해본다. 내가 먼저 시행착오를 겪고, 사람들이 힘들어하고 어려워하는 부분을 정리해서 내 SNS 채널에 올려본다. 그러다 보면 강의 제의가 오고 나는 또다시 새로운 일에 착수한다.

라이브 쇼핑 방송 교육을 찾아보니 3달 12주 코스로 300만원이 책정되어 있었다. 이 교육은 대부분 아나운서를 양성하는 것으로, 내가 봤을 땐 불필요한 부분이 상당히 많았다. 스피치 교육, 표정 연습, 대본 읽기 등 내 물건을 파는 데 이런 과정까지 필요한 건 아니다.

내가 직접 라이브 커머스를 할 기회가 있어서 방송을 해보니 딱 8시간 교육이면 상세 페이지 제작부터 라이브 방송 실전까지 충분했다. 이렇게 머릿속에 진도표가 만들어지자 나의 경험치를 올리기 위해 20번만 더 라이브 쇼핑 방송을 해보자 결심했다. 그렇게 20회 이상 방송을 진행했고, 커리큘럼을 다듬었다. 이렇게 만든 교육 프로그램을 나는 2년째 강의하고 있다.

라이브 쇼핑 20회를 경험하고
8시간 강의 프로그램 개설!

이 교육을 발전시켜 지금은 상공회의소에서 오픈마켓 셀러 양성 과정 자격증 수업반을 맡아 교육을 진행 중이다. 그 밖에도 내가 만든 프로그램으로 여러 기관에 위탁 교육을 하고 있다.

네이버 쇼핑라이브 강사가 되기 위해 내가 한 일은 먼저 플랫폼을 경험하고 그 과정을 블로그에 올린 것이다. 내 채널을 통해 수강생을 모집하고 강의를 시작하면 나중에 지자체나 교육 기관에서 강의 요청과 위탁 교육 문의가 들어온다. 내 교육의 차별점은 기본 개념부터 라이브 방송 실습까지 8시간 안에 교육을 끝내는 것이다. 교육 시간에 메리트를 느낀 곳이라면 내가 적합한 강사인 셈이다.

5년 전만에도 모바일 라이브 방송은 존재하지도 않았다. 하지만 이제는 대세로 자리 잡았다. 사람들은 생소한 플랫폼을 짧은 시간에 배워 시행착오를 줄이고 싶어 한다. 타인의 시간을 줄여주는 교육 프로그램을 기획하고 이것을 상품화했더니 거의 무자본으로 수익 창출이 가능했다.

다음 장부터는 다양한 디지털 노마드 활동 사례를 소개하겠다. 자신만의 방식으로 창직하고 수익 창출화하는 모습을 통해 여러분도 아이디어와 인사이트를 얻길 바란다.

사례 ❶
나를 어떻게 포지셔닝하느냐가 중요해요
(ft. '글쓰는 마케터'님)

글쓰는 마케터님은 SNS 채널에 다음과 같이 자기를 소개한다.

재미있는 일을 하고
즐거운 하루를 꿈꿉니다.
마케터, 에디터로 먹고삽니다.
글쓰는 마케터라 불립니다.
글을 쓰는 일을 업으로 삼기 위해
열심히 타자를 칩니다.
취미처럼 생활하지만 일 중독자입니다.

디지털 노마드로 살면서 어떻게 자신을 표현해야 하는지에 대해 고민이 많았고, 수년간 문장을 바꾸고 고치면서 저 문장들만 남았다고 한다. 자유롭게 일하지만 '글쓰는 마케터'이자 '워커홀릭'이다. 이 말이 자신을 잘 표현해준다고 생각한다.

글쓰는 마케터님은 N잡러다. 정확히 10잡러 생활을 하고 있다. 마케터, 에디터, 카피라이터, 광고대행사 PM, 기획자, 글쓰기 강사, 방과후강사, 공인중개사, 투자자, 플리마켓 셀러까지. 한때는 직업을 모두 공개하는 걸 꺼렸다. 10가지 일을 한다는 건 뭐 하나 제대로 하지 못한다는 걸로 여겨질까봐 두려웠기 때문이다. 그래서 누군가에게는 마케터로, 누군가에게는 광고대행사 PM으로, 누군가에게는 공인중개사로 자신을 소개했다. 이렇게 자신의 일부분을 소개하면서 한편으로는 씁쓸했다. 어떤 일이든 굉장히 열심히 하는 편이라고 생각하는데, 이 일 저 일 기웃거리는 이미지로 남을까봐 자신을 숨겨야 했으니 말이다.

하지만 자신을 소개하는 글을 매만지며 답을 찾아냈다. 지금 하고 있는 일들은 크게 '마케터'와 '에디터'의 범주로 묶을 수 있구나. 그럼 '마케터, 에디터, 투자자'로 소개하면 되겠구나. 그렇게 묶고 묶어서 남은 말이 '글쓰는 마케터'다. 마케터와 에디터를 모두 담을 수 있는 표현이니까. 하지만 '투자자'는 굳이 여기저기서 밝힐 필요는 없어서 뒤로 살짝 숨겼다.

글쓰는 마케터님의 블로그
blog.naver.com/atoz_story

N잡러? 전문성이 없다는 오해를 불식시키기 위해

이렇게 글쓰는 마케터님이 자신을 표현하는 데 구구절절한 것은 다 이유가 있다. 본인을 어떻게 소개해야 할지 자신조차 몰랐던 시절에는 사람들이 자신의 전문성에 대해 의심할까봐 의기소침했다. 하지만 '글쓰는 마케터'로 자신을 소개하기 시작한 때부터 자신감이 붙었고 스스로 당당해졌다. '마케팅에 글이 얼마나 많이 필요한데, 글 잘 쓰는 마케터가 흔한 줄 알아? 글만 쓸 줄 아는 게 아니라 마케팅을 이해하고 있는 에디터가 어디 있느냐 이 말이야!' 이렇게 생각을 진전시키다 보니 전문성은 더 명확해졌다.

그 후로 승승장구였다. 자신을 글쓰는 마케터로 소개하니, 업무 제안이 점점 더 많이 들어왔다. 가장 하고 싶은 일이 글을 쓰고 마케팅을 하는 일이어서 더욱 만족스러웠다. 기획, 카피라이팅, 기획 기사 작성 등 조금씩 형태를 달리했지만, 모두 하나의 뿌리에서 나온 일들이었다. 심지어 플리마켓 셀러와 공인중개사 역시 마케팅 영역에서 확장된 일들이었다. 이제 그가 할 일은 명확해졌다. 전문성에 대한 고민 없이 오직 맡은 업무들을 열심히 하는 것뿐.

다이어리에 들어가는 글과 상세페이지 작성을 맡았던 텀블벅 펀딩은 8,777,000원의 금액을 모았다.

네이버 패션 포스트에 연재했던 칼럼 덕분에 신세계 인터내셔널로부터 제휴 요청을 받았다.

글쓰는 마케터님은 어떻게 그 많은 일들을 할 수 있느냐는 질문을 많이 받는다. 답은 간단하다. 많은 시간 일을 하니까. 그럼 다시 질문. 어떻게 많은 시간 동안 일에 몰입할 수 있을까? 글쓰는 마케터님은 A 업무를 하다가 머리에 쥐가 날 것 같으면 성격이 다른 B 업무를 하며 머리를 환기시킨다. B 업무마저 더 이상 눈에 들어오지 않을 때 C 업무를 시작한다. 매일 고정적인 시간대에 하는 업무들이 있고, 유동적으로 시간을 활용할 수 있는 일들을 고정 업무 앞뒤로 테트리스

쌓듯 끼워 넣는다. 머리가 지끈거릴 땐 기계적으로 할 수 있는 일을 하고, 마음이 말랑해질 땐 카피나 감성적인 글을 쓴다. 길을 걸으면서 보고 듣고 느끼는 것들을 업무와 연결시켜 생각하고, 좋은 아이디어가 있으면 기록한다. 그래서 어디서나 자리를 잡으면 이미 메모해뒀던 걸 바탕으로 바로 일을 시작한다.

⟩ 원하는 일을 골라가며 하는 재미를 맛보고 있다 ⟨

그렇게 여러 해 일하다 보니, 성실하게 일하는 건 기본이고 밤낮 가리지 않고 일하는 사람이라는 인식이 생겼다. 믿고 일을 맡기고 주변에 추천해주는 사람들도 생겼다. 덕분에 고용 불안에 시달리던 프리랜서는 이제 배스킨라빈스 아이스크림 뺨칠 정도로 골라가며 일하는 재미를 맛보고 있다. 앞으로의 목표는 점점 더 '해야 하는 일'에서 '하고 싶은 일'들로 업무 포트폴리오를 채워가는 것이라고 한다. 그에게 더 이상 불안은 없다. '글쓰는 마케터'라는 뾰족한 전문성이 있으니.

31

사례 ❷
인스타그램 덕분에 애견 펜션 만실이에요!
(ft. '유정쌤'님)

─ · 중국어 강사 유정쌤님의 애견 펜션 창업 이야기 · ─

유정쌤님은 중국어 강사로 서울을 근거지로 10년 가까이 일해왔다. 중국어 소규모 강의 프로그램을 운영하며 1인 브랜드를 구축해왔지만 강사일 외에 새로운 파이프라인이 필요하다는 생각을 해왔다.

유정쌤님은 강의가 없을 때마다 부모님 집인 경기도 연천에 내려가서 대형견인 행복이와 그림이를 돌보며 블로그에 꾸준히 콘텐츠를 올리고 있었다. 1년에 4번 정도 부모님, 반려견과 함께 2박 3일 여행을 가곤 했는데 애견 숙박 시설은 1박에 50만원, 1년이면 400만원 정도가 들어서 부담이 되었다. 이 비용을 줄이는 방법이 없을까 고민하다가 연천에 타운하우스를 매입하고 농어촌민박사업자를 등록해서 애견 펜션을 열게 된 것이다.

　유정쌤님은 홍보를 위해 인스타그램 계정을 만들고 반려견 사진을 매일 올렸다. 그리고 인기 검색어인 #애견스타그램 #애견 등 해시태그를 달았다. '좋아요'를 많이 누른 콘텐츠를 골라서 광고를 돌렸고 다양한 시도로 팔로워수를 높이는 데 주력했다.

　인스타그램에 애견과 함께하는 일상 사진을 올리자 블로그보다 반응이 뜨거웠다. 그래서 인스타그램에 집중적으로 애견 펜션 준비 과정을 피드로 올리고 이벤트 등을 통해 팔로워들과 1대 1로 소통하였다. 그랬더니 오픈 1달 만에 만실의 성과를 거두었다.

애견 펜션 창업 전 과정을 블로그에 올렸다.　반려견 콘텐츠는 블로그보다 인스타그램 반응이 뜨거웠다.

인스타그램 해시태그와 광고로
창업 1달 만에 만실!

커나가는 애견 산업, 다양한 수익 사업과 제휴의 기회

우리나라 애견 산업은 나날이 성장세다. 유정쌤님 애견 펜션은 대형견주 방문이 많았는데 대형견 의류가 마땅한 게 없다는 고객 의견을 반영하여 의류 판매를 따로 진행하였고 숙박 외에 수익 다양화를 모색했다. 새로운 시도를 할 때마다 SNS에서 사전 조사를 했고 실패 확률을 줄일 수 있었다.

유정쌤님은 자신의 중국어 강사 경력과 애견 펜션 창업 경험을 접목하여 애견창업과정 강의와 반려견과 함께하는 중국어 강의를 개설하였다. 그리고 펫 푸드 자격증 업체와 제휴하여 애견 수제 간식 원데이 클래스도 주관하고 있다.

애견 산업 성장으로 숙박 외의 수입원이 다양해졌고 마케팅 제휴 요청도 많아졌다.

현재 애견 펜션 2호점을 준비 중이며 부지 매입부터 신축까지 직접 관여하고 있다. 물론 이 과정을 SNS에 올려서 홍보를 진행하고 있으며 1호점 때처럼 오픈 후 만실을 위해 최선을 다하고 있다. 본캐는 강사지만 부캐는 애견 펜션 사장인 유정쌤님, 이제는 부캐가 부상할 시점이라며 애견 사업에 더욱 집중할 것이라 포부를 밝혔다.

인스타그램 광고 하루 5천원 vs 하루 5만원 효과는?

유정쌤님은 필자가 진행한 'SNS 30일 챌린지'에 참여한 수강생이다. 애견 펜션 인스타그램 계정을 만들고 30일 동안 콘텐츠를 올렸는데 하루 5천원 광고 돌리는 실습에서 실수로 5만원을 책정해버렸다.
보통 인스타그램 광고를 하루 5천원으로 책정하면 문의가 1개 정도 온다. 그런데 5만원을 넣었더니 4시간 만에 예약 7건이 들어왔다는 것이다. 유정쌤님은 이걸 경험하면서 다른 SNS를 하지 않고 인스타그램만으

로도 만실을 채울 수 있다는 확신이 들었다고 한다. 그래서 인스타그램에 지속적으로 콘텐츠를 올렸고 1대 1 댓글 소통에 매달렸다. 애견 펜션 사용자 후기를 활용하여 광고를 돌리니 1년 내내 만실을 달성할 정도로 효과적이었다. 어느 정도 자리가 잡힌 지금, 1일 5만원짜리 인스타그램 광고는 돌리고 있지 않다.

유정쌤님의 인스타그램 www.instagram.com/yutingi88

가성비 좋은 인스타그램 광고는 소상공인에게 필수! 고객의 리뷰가 포함된 콘텐츠를 광고로 만들면 효과적이다.

사례 ❸
온라인 사진 스튜디오 창업, 생각보다 쉬웠어요
(ft. '아그너스작가'님)

→ ⌐ **준비된 창업가, 신규 분야 진출 시 무료로 일하는 근성** ⌐ ←

나는 앞에서 세상에 쓸모없는 경험은 없다고 말했다. 이런 나와 비슷한 사람을 만났으니 그가 바로 온라인 사진 촬영 전문 스튜디오 대표인 아그너스작가님이다.

그는 웹에이전시에서 디자이너로 일했던 경력을 갖고 있으며, 사진 전공자는 아니다. 사진을 시작한 계기는 회사에서 일하던 사진작가가 퇴사하자 그 대신 사진을 찍어보면 어떻겠느냐고 제안을 받아서다. 사진을 전문적으로 찍은 적은 없지만 거절을 모르는 그는 해보겠다고 말했다. 그런데 막상 해보니 디자이너 일보다 재미있었다고 한다.

회사에서 찍었던 사진은 상세페이지에 들어갈 제품 사진들로, 웹디자이너였던 그는 어떤 사진이 필요한지 정확히 알고 있었다. 전문성은 부족하지만 머릿속에 떠오르는 사진을 찾아서 비슷하게 찍어 봤더니 결과물이 꽤 좋았다. 주변의 평가도 만족스러웠다. 이렇게 사진 찍는 데 재미를 느끼자 주말마다 아들 둘을 데리고 하루 종일 사진을 찍기도 했다. 아기 사진을 SNS에 올렸더니 나중에 아기 사진첩 만드는 회사로 이직을 하게 된다. 웹디자이너에서 사진작가로 전직을 한 셈이다.

인물 사진 중에서도 아이들 사진 찍기가 가장 어렵다. 성인들과 소통 방식이 다르고 예상치 못한 움직임이 큰 상태에서 셔터를 눌러야 하기에 원하는 사진이 나오기까지 각종 스킬이 필요하다. 이렇게 아이들을 대상으로 사진을 찍으며 경험치를 쌓게 되자 성인 사진 찍는 건 상대적으로 쉬웠다. 그래서 나중에는 외국인 모델 전문 촬영 스튜디오로 회사를 옮기게 되었다.

외국인 모델 촬영 포트폴리오

고객의 요구에 따라 현장 촬영도 나간다.

— 코로나19 때문에 '어쩌다 창업' —

아그너스작가님은 처음부터 작업 비용을 후하게 받진 못했다. 일할 사람이 없어서 대타로 뛰는 일이 많았고 최소한의 경비 정도만 받고 한 일도 많았다. 때로는 고객 평가가 좋지 못해서 비난도 받았다. 하지만 여기서 좌절했다면 지금에 이르지 못했을 것이다. 아그너스작가님은 자신에게 일이 주어지면 경험을 하게 되어 감사하게 생각

아그너스 홈페이지
agnus.modoo.at

아그너스 블로그
blog.naver.com/agnushu

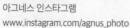
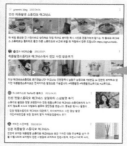

고객 리뷰를 통한
홍보 효과가 좋은 편이다.

아그네스 인스타그램
www.instagram.com/agnus_photo

한다. 이런 태도를 높이 사는 고객들 덕분에 일감이 끊이지 않았다. 이렇게 뭐든 해보면 그다음이 기회가 된다. 어떤 상황이 닥치면 무조건 해본다는 게 아그너스작가님의 장점인데 시간이 지날수록 실력이 쌓이면서 몸값도 높아졌다.

하지만 코로나19가 직격타였다. 몸담고 있던 회사가 폐업을 했고 수입이 끊기자 예상치 못했던 창업을 결심하게 되었다. 창업 전에는 걱정이 많았지만 막상 시작하니 빠른 시일 내에 매출이 발생했다. 그동안 관계 맺었던 수많은 사람들이 홍보를 해주었고 일거리도 제안해주었기 때문이다.

— ⟩ '온라인 사진 스튜디오' 콘셉트로 SNS 마케팅 ⟨ —

아그너스작가님은 웹디자이너 출신의 사진작가가 만든 '온라인 사진 스튜디오'란 콘셉트로 홍보를 시작했다. 온라인과 관련된 사진은 크게 제품 촬영, 모델 촬영, 공간 촬영, 프로필과 스냅 촬영, 콘텐츠 촬영으로 나뉘는데 푸드 스타일리스트가 고객일 때는 음식 사진을 도드라지게 찍어야 하고, 스마트스토어 사장님이 고객일 때는 제품 사진을 사고 싶게끔 찍어야 한다. 상세페이지까지 요구하는 경우도 많았는데 사진과 웹디자인 전문가로서 맞춤 서비스를 제공하고 있다. 이렇듯 고객의 니즈에 맞게 일처리를 하고 경쟁업체에 비해 비용이 합리적이라 매출은 점점 늘고 있다.

아그너스작가님은 다른 업체에서 야심차게 진행하는 온라인 광고나 이벤트를 자주 하지 않는다. 그저 오랫동안 고객들과 소통하고 최고의 서비스를 제공함으로써 고객이 알아서 입소문을 내주는 게 어쩌면 최고의 홍보 전략이 아닐까 생각한다.

아그너스작가님은 생각보다 창업이 쉬웠다고 한다. 과거에 그가 쉬운 일, 어려운 일 가려 받지 않고 다양한 경험을 축적하면서 알게 모르게 창업을 준비해왔다고 생각한다. 고객의 요구에 대응할 수 있는 긍정적 태도가 단골을 만들고 안정적 매출을 유지하는 이유일 것이다.

사례 ❹
영어 강사에게 왜 유튜브가
최고의 채널이냐고요?
(ft. '써니쌤'님)

영어 강사 코로나19로 적자 인생, 디지털 노마드로 역전 인생

써니쌤님은 강남 대형학원의 잘 나가던 토익스피킹 강사였지만 코로나19 이후 타격을 받았다. 학원에서는 오프라인 강의를 온라인 강의로 전환하면서 월 60만원 월급을 책정했고, 코로나19가 장기화되자 결국 퇴사를 하게 된 것이다. 하지만 여기서 좌절하지 않고 코로나19를 기회로 삼아 온라인 1인 브랜드 강사가 되기 위해 블로그 홍보를 시작하였다.

그리고 막상 뚜껑을 열어보니 성공적이었다. 예전에는 학원에서

3~4타임을 강의해서 얻은 수입을, 집에서 저녁반 온라인 수업 1타임으로 벌게 된 것이다. 게다가 의외의 수입원도 창출하게 되었다. 영어 수강 신청자가 대부분이지만 줌으로 강의하는 법을 알려달라는 요구도 많았다. 코로나19가 터지고 강의로 먹고사는 사람들이 줌 사용법을 문의한 것이다. 써니쌤님은 줌 강의 프로그램을 만들고 수강생을 받기 시작했다. 한 번에 150명이 들을 정도로 신청자가 몰렸고 영어 강의 수입 외에 별도로 1달에 500만원 수입을 얻게 되었다. 순전히 블로그 홍보로 말이다.

써니쌤님의 블로그 blog.naver.com/rhani2012

🔆 영어 강의, 줌 강의, 컨설팅까지 파이프라인 다각화 🔆

써니쌤님은 강의 홍보를 블로그에 국한하지 않고 유튜브와 인스타그램으로 확장하기 시작했다. 1인 브랜드를 알리기 위해 다양한 채널을 공부했고, 강사에게 걸맞는 홍보 방법과 콘텐츠 구성법을 파악하게 되었다.

사실 어학 강사에게 가장 적합한 홍보 채널은 유튜브다. 수강생을 위한 스피킹 콘텐츠는 용량이 커서 이걸 올릴 수 있는 채널이 유튜브 외에는 전무후무하다. 물론 대형학원에서는 스피킹 콘텐츠를 제공하고 강사 홍보도 알아서 해준다. 하지만 독립하면 누구의 도움도 받을 수 없으며 스스로 홍보를 해야 한다. 이럴 때 SNS 마케팅이 최고의 지렛대가 된다.

강사의 유튜브 쓰임새 - 구독자수나 광고 수익보다 강의 구매 연결!

여기서 잠깐! 써니쌤님의 유튜브 수익을 공개하겠다. 현재 1만 명 가까운 구독자수를 보유하고 있고, 월별 예상 수익은 70~80달러, 즉 10만 원 전후다. 수익만 바라보면 굳이 유튜브를 해야 하나 싶을 것이다.

써니쌤님은 토익스피킹 전문 강사로 고객의 대부분이 취준생이나 직장인이다. 이는 대중성이 떨어져서 채널이 커지는 데 한계가 있을 수밖에 없다는 이야기다. 어차피 대형 채널로 갈 게 아니라면 내 채널을 통해 1인 강사로서 나의 인지도를 높여서 결국은 내 강의 상품 구매로 연결하는 게 핵심 포인트다. 그런데 블로그, 인스타그램, 유튜브를 모두 운영해보니 강사에게는 유튜브 효능감이 압도적이었다. 이것은 사업 형태마다 다르니, 적절히 참고하면 좋을 것이다.

유튜브 월별 수익은 10만원 전후로 그리 많지 않다. 하지만 유튜브를 통한 홍보 효과 덕분에 교재 판매 매출이 늘었다.

유튜브 홍보로 전자책 판매 1,500만원 매출!

코로나19 이후 강의할 곳이 마땅치 않을 때 토익스피킹 전자책을 만들어서 크몽과 온라인 서점 등 플랫폼을 통하지 않고 자체 판매를 진행했다. 그래서 2년간 총 1,500만원의 수익을 냈다. 이때 돈이 드는 마케팅은 따로 하지 않았고 주로 SNS 채널로 홍보를 했다. 써니 쌤님은 구매자 67.3%가 유튜브를 통해 전자책을 구매했다는 사실을 확인하게 되었다. 그래서 이후부터 유튜브에 더욱 집중했다. 실제로 토익스피킹 줌 강의 신청도 35% 가까이 유튜브를 통해 이루어졌다. 신청 경로는 전자책에 비해 유튜브 유입이 압도적이지는 않지만 35% 점유율도 적은 편은 아니라고 생각한다.

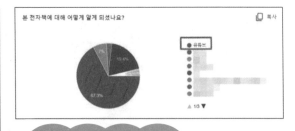

> 유튜브 채널을 통한 홍보 덕분에
> 전자책 매출 1,500만원 육박!

＼ 1인 브랜드가 되면 얻는 기회들 ／
＼ - 강연 멘토링, 교재 판매 제안 ／

이렇게 써니쌤님 유튜브 영상을 보고 취업 콘텐츠나 강의 플랫폼에서 청중 강의와 영어 인강 촬영 제안도 추가로 들어온다. 그리고 전자책이나 교재를 오픈마켓에 입점해달라는 제안도 들어온다.

안녕하세요 써니 강사님😊
취업 콘텐츠플랫폼 ▓▓▓ 멘토링 담당자 ▓▓입니다.

강사님의 가치있는 커리어 경험이 ▓ 을 통해 널리 확산될 수 있도록 '▓▓▓▓ 멘토링 제안을' 드리고자 메일 올립니다

보통 60분 내외 강연하시고, 30~40분 정도 질의응답을 받는 방식으로(평균 1시간 30분 내외) 진행됩니다.
현재 《토익스피킹》주제 관련 멘토링을 준비 중에 있으며,
써니 강사님의 유튜브 영상 및 커리어 등을 보며 관련 내용 멘토링과 부합하다 생각해 이렇게 제안을 드립니다 😊

> 1인 브랜드로 홍보하자 취업 플랫폼에서
> 학생 멘토링 제안이 들어왔다.

요즘은 강사를 섭외할 때 유튜브에서 영상을 통해 강의 실력을 확인하고 연락하는 경우가 많기 때문에 1인 강사나 지식기업가라면 유튜브는 필수라고 생각한다.

써니쌤님은 일전에 노마드크리스님의 SNS 강의를 들었을 때 인상 깊었던 이야기를 전했다.

> 블로그가 국내에서 해외로 나가는 느낌이었다면
> 유튜브는 우주로 나가는 느낌이더라고요.
>
> - 노마드크리스 -

써니쌤님은 앞으로도 유튜브에 콘텐츠를 올리고 1인 브랜드를 집중해서 구축할 계획이다. 그리고 이 책의 독자들에게, 너무 고민하지 말고 우선 영상 딱 1개만 올려보라고 권했다. 유튜브에 대한 심리적 벽만 깨뜨리면 온 우주가 여러분을 기다리고 있을 것이라며 말이다.

사례 ❺
족발집 사장에서 '음식점 마케팅 코치'로
변신했어요
(ft. '깨봉'님)

돼지국밥집 4년 + 족발집 3년, 월매출 1억원 달성

깨봉님은 직장생활을 3년 하고 음식점 아르바이트 경험을 거쳐 돼지국밥집을 창업했다. 술집이 아닌 밥집을 창업한 이유는 밥은 3끼를 먹는데 술은 3끼를 못 먹기 때문이라고 했다. 당시 꽤 많은 권리금을 주고 괜찮은 입지에 들어갔고 돼지국밥집 같지 않은 모던한 상차림으로 젊은 사람들에게도 입소문이 나서 손님이 꽤 많았다.

돼지국밥집은 24시간 운영을 해서 안정적인 매출이 나왔지만 매출도 수익도 만족할 만큼은 아니었다. 그때부터 메뉴에 대한 고민을 심도 있게 시작했고 충분한 고민 끝에 홀, 포장, 배달 3박자를 갖춘

깨봉님이 창업한 돼지국밥집

나무트레이에 반찬을 세팅해서 손님들이 좋아했다.

족발 메뉴를 돼지국밥 매장에 추가하게 되었다.

결과는 오픈 3개월 만에 족발 매출만 월 2,000만원이 넘었고 그다음 해에는 돼지국밥과 족발 매출 총합계가 월 1억원 가까이 되었다. 이때 가게를 좀더 탄탄하게 했어야 하는데 어처구니없이 실수를 저지르게 된다. 돼지국밥집을 동업을 통해 오토 매장으로 돌리고 당시 유행하던 포차를 추가로 창업한 것이다. 여기저기 사업을 벌이니 예전만큼 신경을 덜 쓰게 되었고 전체적으로 매출이 하락하였다. 더 큰 손해를 보기 전에 동업을 접고 돼지국밥집에만 전념하기로 결심했다. 하지만 너무 늦었던 걸까? 매출은 하향 추세를 벗어나지 못했다. 그러다 투자금 일부를 회수하고 가게를 넘기게 되었는데 불행인지 다행인지 코로나19가 터졌다.

코로나19가 기회? 배달 특수 200% 활용!

코로나19는 배달 전문 가게 입장에서는 다시 오지 못할 특수였다. 첫 매장 투자금의 1/5 수준으로 배달 전문 음식점을 창업하고 다시 매달렸다. 코로나19 초기에는 매출이 꽤 좋았다. 하지만 코로나19 1, 2차 유행이 지나고 홀 위주 매장이 배달업계로 들어오자 경쟁이 심화되면서 제 살 깎아 먹기가 펼쳐졌다. 배달에만 매달려서 매출 하락을 마주하기보다는 다른 돌파구가 필요했다. 그래서 배달 전문 메뉴를 론칭하고 '부산약콩 물밀면'이란 밀키트를 출시하면서 상황을 역전시키고자 최선을 다했다.

코로나19 시기에 배달 전문 브랜드를 직접 만들고 론칭했다.

전국구를 영업장으로! 밀키트 출시

SNS 마케팅을 모르면 실패, 스마트플레이스, 당근마켓까지 마스터!

배달 전문 브랜드와 밀키트 브랜드를 론칭하면서 블로그로 홍보를 시작했다. 얼마 후 인스타그램이 효과적이라 해서 인스타그램 강의를 수강한 후 약콩밀면 공식계정, 약콩밀면 밀키트 계정을 활성화시켰다. 여기에 지인의 음식점 계정도 고객에게 매력적으로 보일 수 있게끔 대신 운영해주었다.

최근 사람들이 음식점을 검색할 때 네이버 스마트플레이스를 자주 사용한다. 그래서 음식점 사장님들은 네이버 광고 상품으로 스마트플레이스 광고, 소상공인광고, 파워링크 광고를 많이 한다. 깨봉님 역시 SNS 광고를 공부해서 자신의 음식점은 물론, 주변의 음식점들까지 '기본 세팅 + 광고'를 최소 비용으로 진행해주었다. 그랬더니 광고를 집행한 만큼 매출이 상승했다고 한다. 그 후 지금까지 관리를 부탁받아 깨봉님이 음식점 광고·홍보를 대신 해주고 있다.

음식점 장사는 지역 기반이므로 당근마켓 활용도 필수란 생각이 들었다고 한다. 직접 활용해보니 광고비가 들어가는 네이버 스마트플레이스에 비해 인스타그램과 당근마켓은 무료로 전단지처럼 뿌리면서 확산이 된다는 장점이 있었다. 그래서 주변 사장님들에게 많이 추천했고, 실제로 가성비 높은 성과를 거두고 있다.

깨봉님이 출시한 밀키트 인스타그램 공식 계정
instagram.com/yakong_mealkit

목표는 '음식점 마케팅 코치', 블로그 통해 소통

부모님이 가게를 하셔서 자신도 언젠가 창업하리라 결심하고 지금까지 목표를 향해 뛰어온 깨봉님. 코로나19를 비롯하여 산전수전 다 겪고 역전의 용사로 살아남았다. 깨봉님은 코로나19 위기 때 본인의 가게뿐만 아니라 주변의 가게까지 SNS 마케팅으로 매출이 상승하자 어느 순간 목표가 생겼다고 한다. 음식점 가게를 처음 시작하는 분들에게 장사를 직접 해본 내가 그들의 코치가 되자고!

일반적으로 컨설턴트라는 말은 돈이 많이 들어가는 느낌이어서 부담스럽지만, 코치란 말은 올바른 길로 가기 위해 안내를 하는 페이스메이커 같은 느낌이 들어서 좋았다고 한다. 그래서 '음식점 마케팅 코치'란 콘셉트로 블로그 아이디를 새로 만들고 글쓰기를 본격적으로 시작했다. 여러 채널 중에서 블로그가 자신의 이야기를 사람들에게 잘 전달할 수 있다는 판단이 들었다.

처음엔 한 문장 쓰기도 힘들었는데 음식점 마케팅 코치란 방향이 잡히자 글이 술술 써지기 시작했다. 그리고 상위 1% 블로그가 되기까지 100일밖에 안 걸렸다. 아마도 깨봉님의 경험치가 글에 잘 담겼기 때문일 것이다.

깨봉님의 블로그 blog.naver.com/psbwin

깨봉님의 블로그는 서로이웃과 조회수, 공감수가 가속도가 붙으며 노출도가 증가하기 시작했고 글 하나 쓸 때마다 공감과 댓글이 많아졌다. 음식점 창업을 하면서 겪었던 경험을 허심탄회하게 올렸더니 마케팅 상담 의뢰가 들어왔고 음식점 사장님들을 위한 오프라인 강의도 들어왔다.

블로그를 비롯해서 SNS 채널은 작성자의 목표가 명확할수록 단기간에도 성과를 낼 수 있다. 깨봉님은 블로그를 하면서 가장 좋은 점은 뭐냐고 물었더니 함께하는 동지를 얻은 것이라고 한다. 블로그를 통해 현장의 경험을 공유하고 지식도 공유하면서 서로를 응원할 수 있다는 게 글쓰기를 지속 가능하게 하는 원동력이라 한다.

블로그 글을 보고 다양한 마케팅 제안이 들어온다.

깨봉님의 허심탄회한 글 덕분에 음식점 사장님들을 위한 강의 요청도 들어온다.

미쉘톡톡!!

검색에 잘 걸리는 네이버 인기 키워드

네이버는 광고주들을 위해 네이버 인기 키워드를 검색할 수 있는 서비스를 제공하고 있다. 광고주를 대상으로 제공하는 서비스이기 때문에 사업자등록번호를 가진 개인사업자나 법인만 가입할 수 있다.
네이버 검색광고시스템(searchad.naver.com)에서 '키워드 도구'를 클릭해보자.

다음과 같이 키워드를 입력한 후 웹사이트, 업종, 시즌 월, 시즌 테마 항목을 선택하면 관련 키워드와 연관된 인기 키워드 결과를 확인할 수 있다.

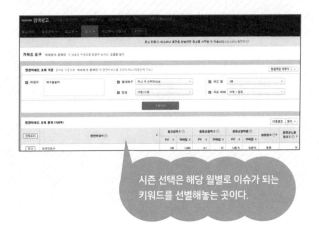

시즌 선택은 해당 월별로 이슈가 되는 키워드를 선별해놓는 곳이다.

가난한 사람 vs 성공한 사람

그동안 많은 사람을 만났다. 그들을 만나서 이야기를 하다 보면 가난한 사람과 성공한 사람의 차이점이 보인다. 100% 다 그런 건 아니지만 어느 정도 패턴이 읽힌다.

예를 들어 가난한 사람들은 이런 식이다.

이베이 셀러 경험을 이야기하면서 이거 한번 해보라고 하면, 영어를 못해서 안 된다고 말한다. 블로그 운영을 해보라고 하면 컴퓨터도 모르고, 글도 잘 못쓴다고 한다. 부동산에 관심을 가져보라고 하면, 그건 돈 있는 너나 하는 거라고 한다. 자영업 한번 해보라고 말하면, 자영업으로 10명 중 9명은 망한다고 한다. 부동산 투자에 대한 정보를 이야기하면 돈 안 까먹는 게 다행이다, 우리나라 부동산도 이제

일본처럼 될 거라고 한다. 최근에 기가 막힌 수익률을 올렸다고 말하면 그런 건 다 사기라며 내 입을 닫게 만든다. 디지털 노마드와 인터넷으로 돈 버는 이야기를 하면, 너 다단계 하느냐고 전에 그런 일로 사기당한 사람들 많이 봤다고 한다. 미래의 도시 중국 심천에 갔다온 이야기를 하면 나 아는 사람도 다녀왔는데 볼 거 없더라, 창업 지원은 많이 하는데 괜찮은 아이템이 없다며 꼭 부정적인 이야기만 한다.

그들에게 성공한 사람의 이야기를 들려주면, 꼭 그 사람 주위에 실패한 사람의 이야기가 따라온다. 돈이 없어서 부부 싸움하는 이야기는 정말 좋아하지만, 돈 버는 사람들 이야기는 싫어한다. 성공한 사람을 보고 따라 하기보다는 실패한 사람을 보고 포기를 한다.

하지만 똑같은 이야기를 부자에게 이야기하면 반응이 다르다. 만나면 재미있다. 그래서 자꾸만 만나고 싶다.

이베이 셀러 경험을 이야기하면, 그거 혹시 어디서 교육받을 수 있느냐고 물어보고, 주위에 ○○ 하는 아는 분 있는데 꼭 알려준다고 한다. 블로그 운영 이렇게 해보라고 하면, 좋은 정보 감사하다고 하고 다시 연락해서 상품권이나 교육비를 슬그머니 준다. 이러면 나는 더 많은 걸 해줄 수밖에 없다. 부동산에 관심을 가져보라고 하면 얼마나 필요하느냐고 먼저 물어보고, 같이 해보자며 제안을 한다. 자영업 한번 해보라고 말을 하면, 정말 해보고 싶다며 좋은 아이템 있으면 알려달라고 한다. 부동산 투자에 대한 정보를 이야기하면 다시 연락을 해서 만나자고 한다. 최근에 기가 막힌 수익률이 있었다고 그것에 대해 이야기하면, 리스크에 대한 해결 방법을 찾아보고 함께 투자하려고 한다. 중국 심천에 다녀온 이야기를 하면, 구체적으로 어디를 방문해야 하는지 지명을 묻는다.

돈 없어서 힘든 이야기 대신 어떻게 하면 돈을 벌 수 있을까 방법을 찾으려고 한다. 최근에 만난 성공한 대표 이야기를 하면 자기에게도 나중에 꼭 소개해달라고 부탁한다.

나는 이들을 만나며 마윈이 한 이야기가 떠올랐다.

세상에서 가장 같이 일하기 힘든 사람들은 가난한 사람이다.
그들에게는 공통점이 있다.

자유를 주면 함정이라 이야기하고
작은 비즈니스라 이야기하면 돈을 별로 못 번다고 이야기하고
큰 비즈니스라고 이야기하면 돈이 없다고 하고
전통적인 비즈니스라고 하면 어렵다고 하고
새로운 것을 시도하자 하면 경험이 없다 하고
새로운 사업을 시작하자 하면 전문가가 없다고 한다.
새로운 비즈니스 모델이라고 하면 다단계라 하고
희망이 없는 친구들에게 의견 듣는 것을 좋아하고
상점을 같이 운영하자고 하면 자유가 없다고 하고

자신들은 대학교 교수보다 더 많은 생각을 하지만
장님보다 더 적은 일을 한다.
당신은 가난한 사람인가?
해보지 않고 고민하기보다는
나는 일단 해보고 생각을 한다.
아무 일도 하지 않으면 그 어떤 일도 일어나지 않는다.

- 마윈 -

당신은 가난한 사람인가, 부자인가? 아니면 앞으로 부자가 될 사람인가? 그렇다면 더 이상 남 탓을 하거나 핑계를 댈 필요가 없다. 우리에게는 SNS라는 무기가 있다. SNS는 모두에게 평등하다. 돈이 많든 적든, 학벌이 좋든 나쁘든, 나이가 많든 적든, SNS를 공부하면 누구나 기회를 얻을 수 있다.

나는 20년 가까이 SNS와 함께했고 위기 때마다 큰 도움을 받았다. 그간의 이야기를 이 책에 다 풀어놓았다. 어려운 시기를 헤쳐 나가는 여러분께 작게나마 도움이 되길 바란다.

미쉘 (유제연)

✦ 디지털 노마드 왕초보 추천 영상 ✦

디지털노마드협회에서 운영하는 디노부TV 영상을 책과 함께 보면 여러분의 SNS 채널을 효과적으로 활성화할 수 있습니다.

블로그 관련 영상

블로그 기초세팅하기
블로그 타이틀 / 닉네임 / 프로필 설정
/ 이웃 vs 서로이웃 / 레이아웃 설정
안내메세지 작성하기
`14:49`

블로그 운영법
카테고리설정하기 (1)
`16:09`

네이버 블로그 글쓰기
핵심포스팅 '자기소개' 작성법
`12:33`

잡지처럼
네이버 블로그 글쓰기
템플릿 알아보기
`8:26`

잘 팔리는
네이버 블로그 글쓰기
서비스/상품소개
`12:32`

상위노출을 위한
네이버 블로그 글쓰기
사진 + 영상 넣기
`17:25`

● 디노부TV에 더 많은 영상이 있습니다.

인스타그램 & 유튜브 관련 영상

● 디노부TV에 더 많은 영상이 있습니다.

돈이 된다! ETF 월급 만들기

투생(이금옥) 지음 | 18,000원

80만 월재연 열광!
ETF 풍차 돌리기로 10% 수익 무한창출!

- 적금처럼 ETF 사 모으기
- 10% 수익 나면 매도하기
- 저평가 ETF 재투자하기

돈이 된다! 급등주 투자법

디노(백새봄) 지음 | 18,800원

월급쟁이도 주식으로 월 500만원 수익창출!
급등주로 수익률 극대화!

- 투자심리도로 반등신호 포착하는 법
- OBV로 수급신호 포착하는 법
- 봉차트로 매매 타이밍 포착하는 법

돈이 된다! 부동산대백과

김병권 지음 | 22,200원

200만 부동산스터디가 열광한 '부동산아저씨'의 부린이 안내서

- 전월세부터 매매까지 서류작성법 총망라
- 청약, 재개발재건축, 경매, 상가투자까지!
- 투자수익률 높이는 절세법

50억짜리 임장보고서

성연경 지음 | 20,000원

왕초보 3년 만에 부자가 된 비결

- 1달에 1곳, 임장보고서의 기적
- 1천만원 아파트 투자법 공개
- | 별책부록 | 50억 임장 노트

내 인생을 바꾸는
SNS 30일 챌린지

해보지 않고 고민하기보다는 일단 해보고 생각을 한다.
아무 일도 하지 않으면 그 어떤 일도 일어나지 않는다.

마윈

'**SNS 30일 챌린지**' 다짐

나 _____ 는(은)

❶ 블로그 방문자수 ❷ 인스타그램 팔로워수 ❸ 유튜브 조회수

1일 1,000명(회) 달성을 위해

오늘부터 30일 동안 실천할 것을 다짐합니다.

```
┌─────────────────────┐      ┌──────────┐      ┌──────────┐
│ ❶ 블로그 방문자수      │      │   1일     │      │  30일     │
│ ❷ 인스타그램 팔로워수   │  →  │ 1,000명(회)│  →  │  실천     │
│ ❸ 유튜브 조회수        │      │          │      │          │
└─────────────────────┘      └──────────┘      └──────────┘
```

Tip 디노부(디지털 노마드 부자되기) 카페 '30일 챌린지' 게시판에 인증샷을 올려주세요. 많은 사람들에게 SNS 콘텐츠를 공개하면 결심이 확고해지고 꾸준히 실천하는 효과가 있습니다.

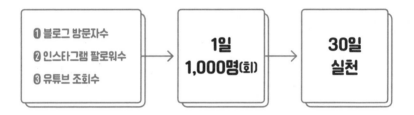

인증샷 올리면
강의&기프티콘 선물 펑펑

'SNS 30일 챌린지' 실천법

❶ 콘텐츠 주제(1줄 쓰기) ....

망리단 에그타르트 맛집 탐방하기 (ft. Best 3위까지)

> 오늘 SNS에 올릴 주제를 1줄로 씁니다.

❷ 콘텐츠 내용(3줄 쓰기+사진+영상) ....

에그타르트 맛집 1위 - 메이크베러띵스(촉촉, 바삭, 필링 최고)

에그타르트 맛집 2위 - 진앤제이(다양한 종류 구비, 옥수수에그타르트 특징)

에그타르트 맛집 3위 - 밀로밀(소금빵 맛집이지만 에그타르트로 맛난 집)

> 주제에 맞게 구성할 내용을 3줄로 씁니다. 사진과 영상도 찍어보세요.

❸ 여러분의 SNS 채널에 ❶+❷ 내용을 올려보세요. ....

> 블로그, 인스타그램 예시

- 블로그에 글 + 사진 올리기
- 인스타그램에 사진만 올리면 끝!
- 영상은 59초 이내로 만들고 인스타그램(릴스)과 유튜브(쇼츠)에 동시 올리기

❹ 오늘의 목표를 설정하고 개선할 점을 적어보세요. ....

- ☐ 블로그 방문자수 (1,000)명
- ☐ 인스타그램 팔로워수 (1,000)명
- ☐ 영상(인스타그램 릴스) 조회수 (2,000)회
- ☐ 영상(유튜브 쇼츠) 조회수 (2,000)회

> 30일 동안 무한 실천!

SNS <u>1일차</u> 챌린지

❶ 콘텐츠 주제(1줄 쓰기) ···

❷ 콘텐츠 내용(3줄 쓰기+사진+영상) ···································

+ 콘텐츠 내용은 콘텐츠 주제 1줄을 확장해서 3줄로 쓰면 됩니다.

+ 콘텐츠 내용과 관련된 사진과 영상을 촬영해보세요.

❸ 여러분의 SNS 채널에 ❶+❷ 내용을 올려보세요. ·······

❹ 오늘의 목표를 설정하고 개선할 점을 적어보세요. ·······

☐ 블로그 방문자수 (   )명

☐ 인스타그램 팔로워수 (   )명

☐ 영상(인스타그램 릴스) 조회수 (   )회

☐ 영상(유튜브 쇼츠) 조회수 (   )회

☐ 개선해야 할 점

+ SNS 챌린지를 손으로 쓰고 사진으로도 찍어보세요. 디노부 카페에 인증샷을 올리면 꾸준히 실천하게 됩니다.
+ 여러분의 SNS 채널 링크도 함께 올리면 홍보 효과를 거둘 수 있습니다.

SNS <u>2일차</u> 챌린지

❶ 콘텐츠 주제(1줄 쓰기) ···

❷ 콘텐츠 내용(3줄 쓰기+사진+영상) ···

+ 콘텐츠 내용은 콘텐츠 주제 1줄을 확장해서 3줄로 쓰면 됩니다.
+ 콘텐츠 내용과 관련된 사진과 영상을 촬영해보세요.

❸ 여러분의 SNS 채널에 ❶+❷ 내용을 올려보세요. ·······························

❹ 오늘의 목표를 설정하고 개선할 점을 적어보세요. ·······················

□ 블로그 방문자수 (   )명

□ 인스타그램 팔로워수 (   )명

□ 영상(인스타그램 릴스) 조회수 (   )회

□ 영상(유튜브 쇼츠) 조회수 (   )회

□ 개선해야 할 점

+ SNS 챌린지를 손으로 쓰고 사진으로도 찍어보세요. 디노부 카페에 인증샷을 올리면 꾸준히 실천하게 됩니다.
+ 여러분의 SNS 채널 링크도 함께 올리면 홍보 효과를 거둘 수 있습니다.

SNS <u>3일차</u> 챌린지

년   월   일

1 콘텐츠 주제(1줄 쓰기) ··

2 콘텐츠 내용(3줄 쓰기+사진+영상) ···

+ 콘텐츠 내용은 콘텐츠 주제 1줄을 확장해서 3줄로 쓰면 됩니다.
+ 콘텐츠 내용과 관련된 사진과 영상을 촬영해보세요.

❸ 여러분의 SNS 채널에 ❶+❷ 내용을 올려보세요. ·······

❹ 오늘의 목표를 설정하고 개선할 점을 적어보세요. ·······

☐ 블로그 방문자수　（　　　　　）명

☐ 인스타그램 팔로워수　（　　　　　）명

☐ 영상(인스타그램 릴스) 조회수　（　　　　　）회

☐ 영상(유튜브 쇼츠) 조회수　（　　　　）회

☐ 개선해야 할 점

+ SNS 챌린지를 손으로 쓰고 사진으로도 찍어보세요. 디노부 카페에 인증샷을 올리면 꾸준히 실천하게 됩니다.
+ 여러분의 SNS 채널 링크도 함께 올리면 홍보 효과를 거둘 수 있습니다.

SNS <u>4일차</u> 챌린지

년   월   일

❶ 콘텐츠 주제(1줄 쓰기) ···

❷ 콘텐츠 내용(3줄 쓰기+사진+영상) ···

+ 콘텐츠 내용은 콘텐츠 주제 1줄을 확장해서 3줄로 쓰면 됩니다.
+ 콘텐츠 내용과 관련된 사진과 영상을 촬영해보세요.

❸ 여러분의 SNS 채널에 ❶+❷ 내용을 올려보세요. ....

❹ 오늘의 목표를 설정하고 개선할 점을 적어보세요. ....

□ **블로그 방문자수** (   )명

□ **인스타그램 팔로워수** (   )명

□ **영상(인스타그램 릴스) 조회수** (   )회

□ **영상(유튜브 쇼츠) 조회수** (   )회

□ **개선해야 할 점**

+ SNS 챌린지를 손으로 쓰고 사진으로도 찍어보세요. 디노부 카페에 인증샷을 올리면 꾸준히 실천하게 됩니다.

+ 여러분의 SNS 채널 링크도 함께 올리면 홍보 효과를 거둘 수 있습니다.

SNS <u>5일차</u> 챌린지

❶ 콘텐츠 주제(1줄 쓰기) ⋯⋯⋯⋯⋯⋯⋯⋯⋯⋯⋯⋯⋯⋯⋯⋯⋯⋯⋯⋯⋯⋯⋯⋯⋯⋯⋯

❷ 콘텐츠 내용(3줄 쓰기+사진+영상) ⋯⋯⋯⋯⋯⋯⋯⋯⋯⋯⋯⋯⋯⋯⋯⋯⋯⋯⋯⋯⋯

+ 콘텐츠 내용은 콘텐츠 주제 1줄을 확장해서 3줄로 쓰면 됩니다.
+ 콘텐츠 내용과 관련된 사진과 영상을 촬영해보세요.

❸ 여러분의 SNS 채널에 ❶ + ❷ 내용을 올려보세요. ································

❹ 오늘의 목표를 설정하고 개선할 점을 적어보세요. ·······················

☐ 블로그 방문자수   (   )명

☐ 인스타그램 팔로워수   (   )명

☐ 영상(인스타그램 릴스) 조회수   (   )회

☐ 영상(유튜브 쇼츠) 조회수   (   )회

☐ 개선해야 할 점

✦ SNS 챌린지를 손으로 쓰고 사진으로도 찍어보세요. 디노부 카페에 인증샷을 올리면 꾸준히 실천하게 됩니다.

✦ 여러분의 SNS 채널 링크도 함께 올리면 홍보 효과를 거둘 수 있습니다.

SNS <u>6일차</u> 챌린지

년   월   일

❶ 콘텐츠 주제(1줄 쓰기) ···

❷ 콘텐츠 내용(3줄 쓰기+사진+영상) ···

+ 콘텐츠 내용은 콘텐츠 주제 1줄을 확장해서 3줄로 쓰면 됩니다.

+ 콘텐츠 내용과 관련된 사진과 영상을 촬영해보세요.

❸ 여러분의 SNS 채널에 ❶+❷ 내용을 올려보세요.

❹ 오늘의 목표를 설정하고 개선할 점을 적어보세요.

□ 블로그 방문자수   (   )명

□ 인스타그램 팔로워수   (   )명

□ 영상(인스타그램 릴스) 조회수   (   )회

□ 영상(유튜브 쇼츠) 조회수   (   )회

□ 개선해야 할 점

+ SNS 챌린지를 손으로 쓰고 사진으로도 찍어보세요. 디노부 카페에 인증샷을 올리면 꾸준히 실천하게 됩니다.
+ 여러분의 SNS 채널 링크도 함께 올리면 홍보 효과를 거둘 수 있습니다.

SNS <u>7일차</u> 챌린지

년   월   일

❶ 콘텐츠 주제(1줄 쓰기) ···

❷ 콘텐츠 내용(3줄 쓰기+사진+영상) ···

+ 콘텐츠 내용은 콘텐츠 주제 1줄을 확장해서 3줄로 쓰면 됩니다.
+ 콘텐츠 내용과 관련된 사진과 영상을 촬영해보세요.

❸ 여러분의 SNS 채널에 ❶+❷ 내용을 올려보세요.

❹ 오늘의 목표를 설정하고 개선할 점을 적어보세요.

□ 블로그 방문자수　(　　　　　)명

□ 인스타그램 팔로워수　(　　　　　)명

□ 영상(인스타그램 릴스) 조회수　(　　　　　)회

□ 영상(유튜브 쇼츠) 조회수　(　　　　　)회

□ 개선해야 할 점

+ SNS 챌린지를 손으로 쓰고 사진으로도 찍어보세요. 디노부 카페에 인증샷을 올리면 꾸준히 실천하게 됩니다.

+ 여러분의 SNS 채널 링크도 함께 올리면 홍보 효과를 거둘 수 있습니다.

SNS <u>8일차</u> 챌린지

❶ 콘텐츠 주제(1줄 쓰기) ···

❷ 콘텐츠 내용(3줄 쓰기+사진+영상) ···

＋ 콘텐츠 내용은 콘텐츠 주제 1줄을 확장해서 3줄로 쓰면 됩니다.

＋ 콘텐츠 내용과 관련된 사진과 영상을 촬영해보세요.

❸ 여러분의 SNS 채널에 ❶＋❷ 내용을 올려보세요. ⋯⋯⋯⋯⋯⋯⋯⋯⋯⋯⋯⋯⋯⋯⋯⋯

❹ 오늘의 목표를 설정하고 개선할 점을 적어보세요. ⋯⋯⋯⋯⋯⋯⋯⋯⋯⋯⋯

☐ 블로그 방문자수   (   )명

☐ 인스타그램 팔로워수   (   )명

☐ 영상(인스타그램 릴스) 조회수   (   )회

☐ 영상(유튜브 쇼츠) 조회수   (   )회

☐ 개선해야 할 점

✚ SNS 챌린지를 손으로 쓰고 사진으로도 찍어보세요. 디노부 카페에 인증샷을 올리면 꾸준히 실천하게 됩니다.

✚ 여러분의 SNS 채널 링크도 함께 올리면 홍보 효과를 거둘 수 있습니다.

SNS <u>9일차</u> 챌린지

1 콘텐츠 주제(1줄 쓰기) ....

2 콘텐츠 내용(3줄 쓰기+사진+영상) ....

✦ 콘텐츠 내용은 콘텐츠 주제 1줄을 확장해서 3줄로 쓰면 됩니다.

✦ 콘텐츠 내용과 관련된 사진과 영상을 촬영해보세요.

❸ 여러분의 SNS 채널에 ❶+❷ 내용을 올려보세요. ·······

❹ 오늘의 목표를 설정하고 개선할 점을 적어보세요. ·······

☐ 블로그 방문자수 (   )명

☐ 인스타그램 팔로워수 (   )명

☐ 영상(인스타그램 릴스) 조회수 (   )회

☐ 영상(유튜브 쇼츠) 조회수 (   )회

☐ 개선해야 할 점

+ SNS 챌린지를 손으로 쓰고 사진으로도 찍어보세요. 디노부 카페에 인증샷을 올리면 꾸준히 실천하게 됩니다.

+ 여러분의 SNS 채널 링크도 함께 올리면 홍보 효과를 거둘 수 있습니다.

SNS <u>10일차</u> 챌린지

❶ 콘텐츠 주제(1줄 쓰기) ··

❷ 콘텐츠 내용(3줄 쓰기+사진+영상) ··

✦ 콘텐츠 내용은 콘텐츠 주제 1줄을 확장해서 3줄로 쓰면 됩니다.
✦ 콘텐츠 내용과 관련된 사진과 영상을 촬영해보세요.

❸ 여러분의 SNS 채널에 ❶+❷ 내용을 올려보세요. ⋯⋯⋯⋯⋯⋯

❹ 오늘의 목표를 설정하고 개선할 점을 적어보세요. ⋯⋯⋯⋯⋯⋯

☐ 블로그 방문자수　（　　　　　　）명

☐ 인스타그램 팔로워수　（　　　　　　）명

☐ 영상(인스타그램 릴스) 조회수　（　　　　　　）회

☐ 영상(유튜브 쇼츠) 조회수　（　　　　　　）회

☐ 개선해야 할 점

+ SNS 챌린지를 손으로 쓰고 사진으로도 찍어보세요. 디노부 카페에 인증샷을 올리면 꾸준히 실천하게 됩니다.
+ 여러분의 SNS 채널 링크도 함께 올리면 홍보 효과를 거둘 수 있습니다.

SNS <u>11일차</u> 챌린지

❶ 콘텐츠 주제(1줄 쓰기) ··

❷ 콘텐츠 내용(3줄 쓰기+사진+영상) ····································

+ 콘텐츠 내용은 콘텐츠 주제 1줄을 확장해서 3줄로 쓰면 됩니다.
+ 콘텐츠 내용과 관련된 사진과 영상을 촬영해보세요.

❸ 여러분의 SNS 채널에 ❶＋❷ 내용을 올려보세요. ··································

❹ 오늘의 목표를 설정하고 개선할 점을 적어보세요. ··············

□ 블로그 방문자수　（　　　　　）명

□ 인스타그램 팔로워수　（　　　　　）명

□ 영상(인스타그램 릴스) 조회수　（　　　　　）회

□ 영상(유튜브 쇼츠) 조회수　（　　　　　）회

□ 개선해야 할 점

＋ SNS 챌린지를 손으로 쓰고 사진으로도 찍어보세요. 디노부 카페에 인증샷을 올리면 꾸준히 실천하게 됩니다.
＋ 여러분의 SNS 채널 링크도 함께 올리면 홍보 효과를 거둘 수 있습니다.

SNS __12일차__ 챌린지

❶ 콘텐츠 주제(1줄 쓰기) ···

❷ 콘텐츠 내용(3줄 쓰기+사진+영상) ···

＋ 콘텐츠 내용은 콘텐츠 주제 1줄을 확장해서 3줄로 쓰면 됩니다.

＋ 콘텐츠 내용과 관련된 사진과 영상을 촬영해보세요.

❸ 여러분의 SNS 채널에 ❶+❷ 내용을 올려보세요. ⋯⋯⋯⋯⋯⋯⋯

❹ 오늘의 목표를 설정하고 개선할 점을 적어보세요. ⋯⋯⋯⋯⋯

☐ 블로그 방문자수　（　　　　　）명

☐ 인스타그램 팔로워수　（　　　　　）명

☐ 영상(인스타그램 릴스) 조회수　（　　　　　）회

☐ 영상(유튜브 쇼츠) 조회수　（　　　　　）회

☐ 개선해야 할 점

+ SNS 챌린지를 손으로 쓰고 사진으로도 찍어보세요. 디노부 카페에 인증샷을 올리면 꾸준히 실천하게 됩니다.

+ 여러분의 SNS 채널 링크도 함께 올리면 홍보 효과를 거둘 수 있습니다.

SNS <u>13일차</u> 챌린지

년   월   일

❶ 콘텐츠 주제(1줄 쓰기) ···

❷ 콘텐츠 내용(3줄 쓰기+사진+영상) ·······································

+ 콘텐츠 내용은 콘텐츠 주제 1줄을 확장해서 3줄로 쓰면 됩니다.
+ 콘텐츠 내용과 관련된 사진과 영상을 촬영해보세요.

❸ 여러분의 SNS 채널에 ❶+❷ 내용을 올려보세요.

❹ 오늘의 목표를 설정하고 개선할 점을 적어보세요.

☐ 블로그 방문자수 (   )명

☐ 인스타그램 팔로워수 (   )명

☐ 영상(인스타그램 릴스) 조회수 (   )회

☐ 영상(유튜브 쇼츠) 조회수 (   )회

☐ 개선해야 할 점

+ SNS 챌린지를 손으로 쓰고 사진으로도 찍어보세요. 디노부 카페에 인증샷을 올리면 꾸준히 실천하게 됩니다.
+ 여러분의 SNS 채널 링크도 함께 올리면 홍보 효과를 거둘 수 있습니다.

SNS <u>14일차</u> 챌린지

년   월   일

❶ 콘텐츠 주제(1줄 쓰기) ···

❷ 콘텐츠 내용(3줄 쓰기+사진+영상) ···

+ 콘텐츠 내용은 콘텐츠 주제 1줄을 확장해서 3줄로 쓰면 됩니다.

+ 콘텐츠 내용과 관련된 사진과 영상을 촬영해보세요.

❸ 여러분의 SNS 채널에 ❶+❷ 내용을 올려보세요. ·······························

❹ 오늘의 목표를 설정하고 개선할 점을 적어보세요. ·······················

□ 블로그 방문자수 (　　　　　)명

□ 인스타그램 팔로워수 (　　　　　)명

□ 영상(인스타그램 릴스) 조회수 (　　　　　)회

□ 영상(유튜브 쇼츠) 조회수 (　　　　　)회

□ 개선해야 할 점

+ SNS 챌린지를 손으로 쓰고 사진으로도 찍어보세요. 디노부 카페에 인증샷을 올리면 꾸준히 실천하게 됩니다.
+ 여러분의 SNS 채널 링크도 함께 올리면 홍보 효과를 거둘 수 있습니다.

SNS ___15일차___ 챌린지

❶ 콘텐츠 주제(1줄 쓰기) ···

❷ 콘텐츠 내용(3줄 쓰기+사진+영상) ··

+ 콘텐츠 내용은 콘텐츠 주제 1줄을 확장해서 3줄로 쓰면 됩니다.

+ 콘텐츠 내용과 관련된 사진과 영상을 촬영해보세요.

❸ 여러분의 SNS 채널에 ❶+❷ 내용을 올려보세요. ·····························

❹ 오늘의 목표를 설정하고 개선할 점을 적어보세요. ·····················

□ **블로그 방문자수** (   )명

□ **인스타그램 팔로워수** (   )명

□ **영상(인스타그램 릴스) 조회수** (   )회

□ **영상(유튜브 쇼츠) 조회수** (   )회

□ **개선해야 할 점**

+ SNS 챌린지를 손으로 쓰고 사진으로도 찍어보세요. 디노부 카페에 인증샷을 올리면 꾸준히 실천하게 됩니다.

+ 여러분의 SNS 채널 링크도 함께 올리면 홍보 효과를 거둘 수 있습니다.

SNS <u>16일차</u> 챌린지

❶ 콘텐츠 주제(1줄 쓰기) ··

❷ 콘텐츠 내용(3줄 쓰기+사진+영상) ··

✛ 콘텐츠 내용은 콘텐츠 주제 1줄을 확장해서 3줄로 쓰면 됩니다.

✛ 콘텐츠 내용과 관련된 사진과 영상을 촬영해보세요.

❸ 여러분의 SNS 채널에 ❶+❷ 내용을 올려보세요. ⋯⋯⋯⋯⋯

❹ 오늘의 목표를 설정하고 개선할 점을 적어보세요. ⋯⋯⋯⋯⋯

☐ 블로그 방문자수 (   )명

☐ 인스타그램 팔로워수 (   )명

☐ 영상(인스타그램 릴스) 조회수 (   )회

☐ 영상(유튜브 쇼츠) 조회수 (   )회

☐ 개선해야 할 점

✦ SNS 챌린지를 손으로 쓰고 사진으로도 찍어보세요. 디노부 카페에 인증샷을 올리면 꾸준히 실천하게 됩니다.
✦ 여러분의 SNS 채널 링크도 함께 올리면 홍보 효과를 거둘 수 있습니다.

SNS <u>17일차</u> 챌린지

1 콘텐츠 주제(1줄 쓰기) ···

2 콘텐츠 내용(3줄 쓰기+사진+영상) ··

+ 콘텐츠 내용은 콘텐츠 주제 1줄을 확장해서 3줄로 쓰면 됩니다.

+ 콘텐츠 내용과 관련된 사진과 영상을 촬영해보세요.

❸ 여러분의 SNS 채널에 ❶＋❷ 내용을 올려보세요. ⸳⸳⸳⸳⸳⸳⸳⸳⸳⸳⸳⸳⸳⸳⸳⸳⸳⸳⸳⸳⸳⸳⸳⸳⸳⸳⸳⸳⸳⸳⸳⸳

❹ 오늘의 목표를 설정하고 개선할 점을 적어보세요. ⸳⸳⸳⸳⸳⸳⸳⸳⸳⸳⸳⸳⸳⸳⸳⸳⸳⸳⸳⸳

☐ 블로그 방문자수 （　　　　　）명

☐ 인스타그램 팔로워수 （　　　　　）명

☐ 영상(인스타그램 릴스) 조회수 （　　　　　）회

☐ 영상(유튜브 쇼츠) 조회수 （　　　　　）회

☐ 개선해야 할 점

+ SNS 챌린지를 손으로 쓰고 사진으로도 찍어보세요. 디노부 카페에 인증샷을 올리면 꾸준히 실천하게 됩니다.
+ 여러분의 SNS 채널 링크도 함께 올리면 홍보 효과를 거둘 수 있습니다.

SNS <u>18일차</u> 챌린지

1 콘텐츠 주제(1줄 쓰기) ···

2 콘텐츠 내용(3줄 쓰기+사진+영상) ···

+ 콘텐츠 내용은 콘텐츠 주제 1줄을 확장해서 3줄로 쓰면 됩니다.

+ 콘텐츠 내용과 관련된 사진과 영상을 촬영해보세요.

❸ 여러분의 SNS 채널에 ❶+❷ 내용을 올려보세요. ························

❹ 오늘의 목표를 설정하고 개선할 점을 적어보세요. ···················

□ 블로그 방문자수　（　　　　　　）명

□ 인스타그램 팔로워수　（　　　　　　）명

□ 영상(인스타그램 릴스) 조회수　（　　　　　　）회

□ 영상(유튜브 쇼츠) 조회수　（　　　　　）회

□ 개선해야 할 점

+ SNS 챌린지를 손으로 쓰고 사진으로도 찍어보세요. 디노부 카페에 인증샷을 올리면 꾸준히 실천하게 됩니다.
+ 여러분의 SNS 채널 링크도 함께 올리면 홍보 효과를 거둘 수 있습니다.

SNS <u>19일차</u> 챌린지

❶ 콘텐츠 주제(1줄 쓰기) ··

❷ 콘텐츠 내용(3줄 쓰기+사진+영상) ··

\+ 콘텐츠 내용은 콘텐츠 주제 1줄을 확장해서 3줄로 쓰면 됩니다.

\+ 콘텐츠 내용과 관련된 사진과 영상을 촬영해보세요.

❸ 여러분의 SNS 채널에 ❶+❷ 내용을 올려보세요. ·······

❹ 오늘의 목표를 설정하고 개선할 점을 적어보세요. ·······

□ 블로그 방문자수　（　　　　　）명

□ 인스타그램 팔로워수　（　　　　　）명

□ 영상(인스타그램 릴스) 조회수　（　　　　　）회

□ 영상(유튜브 쇼츠) 조회수　（　　　　　）회

□ 개선해야 할 점

+ SNS 챌린지를 손으로 쓰고 사진으로도 찍어보세요. 디노부 카페에 인증샷을 올리면 꾸준히 실천하게 됩니다.
+ 여러분의 SNS 채널 링크도 함께 올리면 홍보 효과를 거둘 수 있습니다.

SNS __20일차__ 챌린지　　　　　년　　월　　일

❶ 콘텐츠 주제(1줄 쓰기) ···

❷ 콘텐츠 내용(3줄 쓰기+사진+영상) ···

+ 콘텐츠 내용은 콘텐츠 주제 1줄을 확장해서 3줄로 쓰면 됩니다.
+ 콘텐츠 내용과 관련된 사진과 영상을 촬영해보세요.

❸ 여러분의 SNS 채널에 ❶+❷ 내용을 올려보세요. ⋯⋯⋯⋯⋯⋯⋯⋯⋯⋯⋯⋯⋯⋯⋯

❹ 오늘의 목표를 설정하고 개선할 점을 적어보세요. ⋯⋯⋯⋯⋯⋯⋯⋯⋯⋯

□ 블로그 방문자수　（　　　　）명

□ 인스타그램 팔로워수　（　　　　）명

□ 영상(인스타그램 릴스) 조회수　（　　　　）회

□ 영상(유튜브 쇼츠) 조회수　（　　　　）회

□ 개선해야 할 점

\+ SNS 챌린지를 손으로 쓰고 사진으로도 찍어보세요. 디노부 카페에 인증샷을 올리면 꾸준히 실천하게 됩니다.

\+ 여러분의 SNS 채널 링크도 함께 올리면 홍보 효과를 거둘 수 있습니다.

SNS __21일차__ 챌린지

❶ 콘텐츠 주제(1줄 쓰기) ··

❷ 콘텐츠 내용(3줄 쓰기+사진+영상) ·······································

\+ 콘텐츠 내용은 콘텐츠 주제 1줄을 확장해서 3줄로 쓰면 됩니다.

\+ 콘텐츠 내용과 관련된 사진과 영상을 촬영해보세요.

❸ 여러분의 SNS 채널에 ❶+❷ 내용을 올려보세요. ·····················

❹ 오늘의 목표를 설정하고 개선할 점을 적어보세요. ·····················

☐ 블로그 방문자수　(　　　　　)명

☐ 인스타그램 팔로워수　(　　　　　)명

☐ 영상(인스타그램 릴스) 조회수　(　　　　　)회

☐ 영상(유튜브 쇼츠) 조회수　(　　　　)회

☐ 개선해야 할 점

+ SNS 챌린지를 손으로 쓰고 사진으로도 찍어보세요. 디노부 카페에 인증샷을 올리면 꾸준히 실천하게 됩니다.
+ 여러분의 SNS 채널 링크도 함께 올리면 홍보 효과를 거둘 수 있습니다.

SNS <u>22일차</u> 챌린지

❶ 콘텐츠 주제(1줄 쓰기) ··

❷ 콘텐츠 내용(3줄 쓰기+사진+영상) ··

+ 콘텐츠 내용은 콘텐츠 주제 1줄을 확장해서 3줄로 쓰면 됩니다.
+ 콘텐츠 내용과 관련된 사진과 영상을 촬영해보세요.

❸ 여러분의 SNS 채널에 ❶+❷ 내용을 올려보세요. ·····························

❹ 오늘의 목표를 설정하고 개선할 점을 적어보세요. ·····················

☐ 블로그 방문자수   (   )명

☐ 인스타그램 팔로워수   (   )명

☐ 영상(인스타그램 릴스) 조회수   (   )회

☐ 영상(유튜브 쇼츠) 조회수   (   )회

☐ 개선해야 할 점

+ SNS 챌린지를 손으로 쓰고 사진으로도 찍어보세요. 디노부 카페에 인증샷을 올리면 꾸준히 실천하게 됩니다.
+ 여러분의 SNS 채널 링크도 함께 올리면 홍보 효과를 거둘 수 있습니다.

SNS ___23일차___ 챌린지

1 콘텐츠 주제(1줄 쓰기) ···

2 콘텐츠 내용(3줄 쓰기+사진+영상) ···

✦ 콘텐츠 내용은 콘텐츠 주제 1줄을 확장해서 3줄로 쓰면 됩니다.

✦ 콘텐츠 내용과 관련된 사진과 영상을 촬영해보세요.

48

❸ 여러분의 SNS 채널에 ❶+❷ 내용을 올려보세요. ·······················

❹ 오늘의 목표를 설정하고 개선할 점을 적어보세요. ······················

☐ 블로그 방문자수 (   )명

☐ 인스타그램 팔로워수 (   )명

☐ 영상(인스타그램 릴스) 조회수 (   )회

☐ 영상(유튜브 쇼츠) 조회수 (   )회

☐ 개선해야 할 점

✦ SNS 챌린지를 손으로 쓰고 사진으로도 찍어보세요. 디노부 카페에 인증샷을 올리면 꾸준히 실천하게 됩니다.

✦ 여러분의 SNS 채널 링크도 함께 올리면 홍보 효과를 거둘 수 있습니다.

SNS __24일차__ 챌린지

1 콘텐츠 주제(1줄 쓰기) ···

2 콘텐츠 내용(3줄 쓰기+사진+영상) ··

+ 콘텐츠 내용은 콘텐츠 주제 1줄을 확장해서 3줄로 쓰면 됩니다.
+ 콘텐츠 내용과 관련된 사진과 영상을 촬영해보세요.

❸ 여러분의 SNS 채널에 ❶ + ❷ 내용을 올려보세요. ⋯⋯⋯⋯⋯⋯⋯⋯⋯⋯⋯⋯

❹ 오늘의 목표를 설정하고 개선할 점을 적어보세요. ⋯⋯⋯⋯⋯⋯⋯⋯⋯⋯⋯⋯

☐ 블로그 방문자수　(　　　　　　)명

☐ 인스타그램 팔로워수　(　　　　　　)명

☐ 영상(인스타그램 릴스) 조회수　(　　　　　　)회

☐ 영상(유튜브 쇼츠) 조회수　(　　　　　　)회

☐ 개선해야 할 점

✦ SNS 챌린지를 손으로 쓰고 사진으로도 찍어보세요. 디노부 카페에 인증샷을 올리면 꾸준히 실천하게 됩니다.

✦ 여러분의 SNS 채널 링크도 함께 올리면 홍보 효과를 거둘 수 있습니다.

SNS <u>25일차</u> 챌린지

년   월   일

❶ 콘텐츠 주제(1줄 쓰기) ···

❷ 콘텐츠 내용(3줄 쓰기+사진+영상) ···

✦ 콘텐츠 내용은 콘텐츠 주제 1줄을 확장해서 3줄로 쓰면 됩니다.

✦ 콘텐츠 내용과 관련된 사진과 영상을 촬영해보세요.

❸ 여러분의 SNS 채널에 ❶+❷ 내용을 올려보세요. ⋯⋯⋯⋯⋯⋯⋯⋯⋯⋯

❹ 오늘의 목표를 설정하고 개선할 점을 적어보세요. ⋯⋯⋯⋯⋯⋯⋯⋯

☐ 블로그 방문자수　(　　　　)명

☐ 인스타그램 팔로워수　(　　　　)명

☐ 영상(인스타그램 릴스) 조회수　(　　　　)회

☐ 영상(유튜브 쇼츠) 조회수　(　　　　)회

☐ **개선해야 할 점**

+ SNS 챌린지를 손으로 쓰고 사진으로도 찍어보세요. 디노부 카페에 인증샷을 올리면 꾸준히 실천하게 됩니다.

+ 여러분의 SNS 채널 링크도 함께 올리면 홍보 효과를 거둘 수 있습니다.

SNS <u>26일차</u> 챌린지

년   월   일

1 콘텐츠 주제(1줄 쓰기) ···

2 콘텐츠 내용(3줄 쓰기+사진+영상) ···

+ 콘텐츠 내용은 콘텐츠 주제 1줄을 확장해서 3줄로 쓰면 됩니다.
+ 콘텐츠 내용과 관련된 사진과 영상을 촬영해보세요.

❸ 여러분의 SNS 채널에 ❶ + ❷ 내용을 올려보세요.

❹ 오늘의 목표를 설정하고 개선할 점을 적어보세요.

□ 블로그 방문자수 (   )명

□ 인스타그램 팔로워수 (   )명

□ 영상(인스타그램 릴스) 조회수 (   )회

□ 영상(유튜브 쇼츠) 조회수 (   )회

□ 개선해야 할 점

+ SNS 챌린지를 손으로 쓰고 사진으로도 찍어보세요. 디노부 카페에 인증샷을 올리면 꾸준히 실천하게 됩니다.
+ 여러분의 SNS 채널 링크도 함께 올리면 홍보 효과를 거둘 수 있습니다.

SNS <u>27일차</u> 챌린지

❶ 콘텐츠 주제(1줄 쓰기) ···

❷ 콘텐츠 내용(3줄 쓰기+사진+영상) ·····································

+ 콘텐츠 내용은 콘텐츠 주제 1줄을 확장해서 3줄로 쓰면 됩니다.
+ 콘텐츠 내용과 관련된 사진과 영상을 촬영해보세요.

❸ 여러분의 SNS 채널에 ❶+❷ 내용을 올려보세요. ···

❹ 오늘의 목표를 설정하고 개선할 점을 적어보세요. ···

☐ 블로그 방문자수　(　　　　　)명

☐ 인스타그램 팔로워수　(　　　　　)명

☐ 영상(인스타그램 릴스) 조회수　(　　　　　)회

☐ 영상(유튜브 쇼츠) 조회수　(　　　　　)회

☐ 개선해야 할 점

+ SNS 챌린지를 손으로 쓰고 사진으로도 찍어보세요. 디노부 카페에 인증샷을 올리면 꾸준히 실천하게 됩니다.

+ 여러분의 SNS 채널 링크도 함께 올리면 홍보 효과를 거둘 수 있습니다.

SNS ___28일차___ 챌린지

년   월   일

❶ 콘텐츠 주제(1줄 쓰기) ···

❷ 콘텐츠 내용(3줄 쓰기+사진+영상) ···

+ 콘텐츠 내용은 콘텐츠 주제 1줄을 확장해서 3줄로 쓰면 됩니다.

+ 콘텐츠 내용과 관련된 사진과 영상을 촬영해보세요.

❸ 여러분의 SNS 채널에 ❶＋❷ 내용을 올려보세요. ⋯⋯⋯⋯⋯⋯⋯⋯⋯⋯⋯

❹ 오늘의 목표를 설정하고 개선할 점을 적어보세요. ⋯⋯⋯⋯⋯⋯⋯⋯⋯⋯

☐ 블로그 방문자수　（　　　　　）명

☐ 인스타그램 팔로워수　（　　　　　）명

☐ 영상(인스타그램 릴스) 조회수　（　　　　　）회

☐ 영상(유튜브 쇼츠) 조회수　（　　　　）회

☐ 개선해야 할 점

＋ SNS 챌린지를 손으로 쓰고 사진으로도 찍어보세요. 디노부 카페에 인증샷을 올리면 꾸준히 실천하게 됩니다.

＋ 여러분의 SNS 채널 링크도 함께 올리면 홍보 효과를 거둘 수 있습니다.

SNS <u>29일차</u> 챌린지

년   월   일

❶ 콘텐츠 주제(1줄 쓰기) ··

❷ 콘텐츠 내용(3줄 쓰기+사진+영상) ··

+ 콘텐츠 내용은 콘텐츠 주제 1줄을 확장해서 3줄로 쓰면 됩니다.
+ 콘텐츠 내용과 관련된 사진과 영상을 촬영해보세요.

❸ 여러분의 SNS 채널에 ❶+❷ 내용을 올려보세요. ·····································

❹ 오늘의 목표를 설정하고 개선할 점을 적어보세요. ·····································

☐ 블로그 방문자수   (   )명

☐ 인스타그램 팔로워수   (   )명

☐ 영상(인스타그램 릴스) 조회수   (   )회

☐ 영상(유튜브 쇼츠) 조회수   (   )회

☐ 개선해야 할 점

+ SNS 챌린지를 손으로 쓰고 사진으로도 찍어보세요. 디노부 카페에 인증샷을 올리면 꾸준히 실천하게 됩니다.
+ 여러분의 SNS 채널 링크도 함께 올리면 홍보 효과를 거둘 수 있습니다.

SNS <u>30일차</u> 챌린지

❶ 콘텐츠 주제(1줄 쓰기) ··

❷ 콘텐츠 내용(3줄 쓰기+사진+영상) ··

✛ 콘텐츠 내용은 콘텐츠 주제 1줄을 확장해서 3줄로 쓰면 됩니다.

✛ 콘텐츠 내용과 관련된 사진과 영상을 촬영해보세요.

❸ 여러분의 SNS 채널에 ❶+❷ 내용을 올려보세요. ·······································

❹ 오늘의 목표를 설정하고 개선할 점을 적어보세요. ·······························

☐ 블로그 방문자수   (   )명

☐ 인스타그램 팔로워수   (   )명

☐ 영상(인스타그램 릴스) 조회수   (   )회

☐ 영상(유튜브 쇼츠) 조회수   (   )회

☐ 개선해야 할 점

+ SNS 챌린지를 손으로 쓰고 사진으로도 찍어보세요. 디노부 카페에 인증샷을 올리면 꾸준히 실천하게 됩니다.
+ 여러분의 SNS 채널 링크도 함께 올리면 홍보 효과를 거둘 수 있습니다.

MEMO